Resilienz

Liebe Leserinnen, liebe Leser!

Kinder erleben im Lauf ihrer Kindheit verschiedenste Krisen. Dazu gehören der Übergang in eine Krippe oder Kita, Streitigkeiten unter Kindern oder andauernde Hektik im Familienalltag. Weder Eltern noch pädagogische Fachkräfte können diese Ereignisse verhindern oder gar eine Kindheit ohne Krisen schaffen. Doch wir können Kinder beim Umgang mit und der Bewältigung von schwierigen Lebenssituationen begleiten und sie unterstützen.

Was bedeutet Resilienz auf der Ebene von Kindern in der Kita? Wie können Kinder (und deren Familien sowie pädagogische Fachkräfte) auf den Umgang mit Krisen vorbereitet werden? Das vorliegende Heft zeigt Wege auf, wie die Resilienz von Kindern in Kindertageseinrichtungen gefördert werden kann. Dabei gründen sich die Aussagen sowohl auf Ergebnisse aus der Forschung als auch auf Erfahrungswerte, die in der Zusammenarbeit mit vielen in der pädagogischen Praxis tätigen Menschen entstanden sind. Vielen Dank an dieser Stelle all den pädagogischen Fachkräften, mit denen ich auf meinem bisherigen Weg zusammenarbeiten und von deren praktischen Einblicken und Überlegungen ich profitieren durfte.

Wir alle wissen, dass die Strukturen und Rahmenbedingungen in der pädagogischen Arbeit – der Fachkräftemangel, die unzureichende Bezahlung sowie mangelnde gesellschaftliche Wertschätzung – drängende Themen sind, die auch Auswirkungen auf die tägliche pädagogische Arbeit haben. Gesellschaftliche Anerkennung für Kinder und für die Menschen, die für sie sorgen, ist dringend nötig, wie nicht zuletzt die Situation während der COVID-19-Pandemie schonungslos zeigte. Dennoch geht dieses Heft vorrangig auf die Aspekte ein, die Fachkräfte in Kitas direkt beeinflussen können. Es gibt möglichst praxistaugliche Hinweise, die sich im pädagogischen Alltag als hilfreich erweisen können – zur Stärkung der psychischen Gesundheit von Kindern und pädagogischen Fachkräfte.

Silke Kaiser

Silke Kaiser hat an der Evangelischen Hochschule (EH) Freiburg eine Professur für Kindheitspädagogik inne und ist Mitarbeiterin im Zentrum für Kinder- und Jugendforschung in der EH Freiburg. Neben Lehre und Forschung hält die Autorin Vorträge und Workshops zu pädagogischen Themen, unter anderem zu Resilienz und zur professionellen Begleitung von Übergängen in Kindheit und Jugend. Dabei schätzt sie den vielfältigen Austausch mit Studierenden, Kolleg:innen sowie pädagogischen Fachkräften. Über Rückmeldungen zum vorliegenden Themenheft freut sich die Autorin (Kontakt: silke.kaiser@eh-freiburg.de).

Inhaltsverzeichnis

I

Grundlagen der Resilienzförderung

Resilienz als Begriff ist allgegenwärtig. Doch was bedeutet er genau und auf welche verwandten Konzepte stützt er sich? Zunächst werden Basiswissen und Grundlagen des Resilienzkonzepts erläutert, die eine gelungene Förderung der kindlichen Ressourcen ermöglichen.

1. Was ist Resilienz?

■ **Aus der Praxis:** Max ist 5 Jahre alt. Er baut gerade aus Holzklötzen einen hohen Turm. Als der Turm immer höher wird, sodass Max kaum noch Klötzchen oben stapeln kann, kommt Luan (4 Jahre alt) hinzu und fragt, ob er helfen kann. Er stellt einen Stuhl neben den Turm und hilft Max, seinen Turm noch höher zu bauen. Konzentriert schaffen es die beiden, noch mehr Klötze obenauf zu stapeln. Ins Spiel vertieft und mit raschem Schritt kommen Lina und Dilara angerannt. Sie laufen mit weit ausgestreckten Armen durch den Raum und rufen dabei „Ich bin ein Flugzeug". Dabei neigen sie die ausgebreiteten Arme und steuern eine Kurve an. Im Eifer des Spiels stößt Lina an den inzwischen sehr hohen Turm aus Holzklötzchen, der daraufhin zu wackeln anfängt und schließlich in sich zusammenfällt. ■

Eine Krise für die beiden bauenden Kinder? Vielleicht ja, vielleicht nein. Ob die Situation als eine Krise verstanden wird, hängt mit verschiedenen Faktoren zusammen, unter anderem mit der subjektiven Einschätzung von Max und Luan, außerdem mit der Reaktion von Lina und Dilara sowie der Begleitung durch eine vielleicht anwesende pädagogische Fachkraft. Auf jeden Fall ist es eine herausfordernde Situation. Der weitere Verlauf wird bedingt durch: Wie gut können die Kinder mit Frustration umgehen, wie gut können sie sich selbst regulieren, wie reagieren die beiden Flugzeug spielenden Kinder, bieten sie beispielsweise Hilfe beim Wiederaufbau an, entschuldigen sie sich, rennen sie einfach davon und tun so, als wäre nichts gewesen? Wie begleitet eine pädagogische Fachkraft die Situation?

■ **Aus der Praxis:** Malina (6 Jahre alt) ist mit ihrer Familie vor sieben Monaten in die Stadt gezogen, um in der Nähe der Großeltern zu leben. Malina besucht seitdem die Kita Sonnenblume und hat sich dort gut eingelebt. Bald kommt sie in die Schule. Vor drei Monaten wurde ihr jüngerer Bruder geboren, der ein paar Wochen zu früh auf die Welt kam. Deshalb verbrachte ein Elternteil stets viel Zeit beim neugeborenen Kind im Krankenhaus, während der andere Elternteil Malina versorgte und in die Kita brachte, von wo die Großmutter sie nachmittags abholte. Eines Tages ruft die Mutter in der Kita Sonnenblume an und berichtet, dass die Großmutter gestorben sei und Malina erst nächste Woche wieder in die Kita käme. Als Malina wiederkommt, wirkt sie still, zurückgezogen, weniger fröhlich als bisher. ■

Eine Krise für Malina? Höchstwahrscheinlich. Worauf kommt es in einer solchen Situation an? Worauf könnte die Kita achten? Welche Unterstützung bräuchte Malina? Woher könnte Malinas zurückgezogenes Verhalten rühren? Könnte dies etwas mit den verschiedenen Risikofaktoren zu tun haben, mit denen sie in den vergangenen Monaten konfrontiert war (Umzug in eine andere Stadt, Veränderung des Wohnumfeldes, Frühgeburt eines Geschwisterchens, Verlust einer nahestehenden Person …)? Höchstwahrscheinlich.

Zentral in beiden Beispielen: Es braucht ein unterstützendes Umfeld, das auffängt und trägt. Es braucht die Fähigkeit, (eigene) Emotionen wahrzunehmen, zu spiegeln, ernst zu nehmen und auszusprechen sowie sich Hilfe zu erbitten beziehungsweise Unterstützung zu geben. Es braucht Zeit, um mit der veränderten Situation zurechtzukommen. Es braucht kompetente Erwachsene an der Seite des Kindes, die es auffangen, tragen, unterstützen beim Umgang mit den jeweiligen großen und kleinen Herausforderungen seines Alltags und Lebens.

Warum gelingt es manchen Menschen, bedrohliche Situationen vermeintlich besser zu bewältigen als andere? Warum gelingt es manchen Kindern, angesichts hochproblematischer Umstände in ihrem Lebenslauf (wie anhaltende seelische Vernachlässigung, Alkoholmissbrauch von Eltern, physische Gewalt) in relativer seelischer Gesundheit zu gedeihen und sich trotz dieser Risiken ihren Weg in ein gelingendes Leben zu bahnen? Diese Fragen versucht die Resilienzforschung zu beantworten. Fähigkeiten zur Bewältigung versucht die Resilienzförderung zu unterstützen.

DEFINITION RESILIENZ

Resilienz ist die Fähigkeit von Menschen, (lebens-)bedrohliche Krisen und Herausforderungen zu meistern oder sich an sie anzupassen, nicht an ihnen zu zerbrechen, sondern seelisch gesund aus ihnen hervorzugehen und sie vielleicht sogar als Anlass für innere Entwicklung zu nutzen und somit nach der Krise stärker zu sein als vorher. Dabei können diese Krisen auf der biologischen, der psychologischen oder der psychosozialen Ebene auftreten. Bei der erfolgreichen Bewältigung von Krisen und Herausforderungen wirken Ressourcen aus dem persönlichen oder sozialen Bereich unterstützend.

Begriffsklärung

Resilienz ist ein Begriff, der ursprünglich aus der Physik entlehnt wurde. In diesem Bereich wird von Resilienz gesprochen, wenn ein Gegenstand seine ursprüngliche Form wieder annimmt, nachdem er verformt wurde. Wie ein Gummiball, der geworfen wird, sich dadurch verformt und nach dem Fallen wieder in seiner ursprünglich runden Form erscheint. Oder wie ein Gummiband, das gedehnt wird und nach dem Loslassen wieder in seine vorige Form zurückspringt.

Wenn Kinder zufrieden sind, hat dies positive Auswirkungen auf ihre Gesundheit.

Dieser Begriff der Resilienz wurde inzwischen auf viele Bereiche und wissenschaftliche Disziplinen übertragen, unter anderem auf die (Entwicklungs-)Psychologie. Allerdings ist es fraglich, ob ein Mensch nach einer Krise wieder am ursprünglichen Ausgangspunkt angelangen sollte oder möchte. Entwicklung bedeutet vielmehr, einen Lernprozess zu durchlaufen und auch eine psychische Veränderung zuzulassen.

In der Entwicklungspsychologie wird Resilienz als psychische Widerstandskraft oder flexible Anpassungsfähigkeit verstanden und unter verschiedenen Akzentuierungen genauer definiert. Dabei gilt es, zwei unterschiedliche Sichtweisen auf Resilienz zu unterscheiden.

> Resilienz ist ein dynamischer Prozess, der sich lebenslang entwickelt.

Resilienz im engeren Sinne setzt voraus, dass ein Mensch eine (lebens-)bedrohliche Situation oder Krise erfolgreich oder angemessen bewältigt hat. Dabei stellt sich natürlich die Frage, was genau im Einzelfall unter erfolgreicher Bewältigung zu verstehen ist oder woran genau sich ein Mensch anpasst. In den Worten der Resilienzforscherin Ann Masten aus den USA wäre zu fragen: Hat ein Risiko für die kindliche Entwicklung vorgelegen? Verläuft die Entwicklung des Kindes dennoch positiv und kommt das Kind zurecht? (Masten, 2016, S. 29). Es muss also eine (lebens-)bedrohliche Risikosituation vorgelegen haben, und sie sollte auf adäquate Art und Weise bewältigt worden sein, damit von Resilienz gesprochen werden kann. Ein Risiko kann dabei in verschiedenen Lebensbereichen auftreten: auf personaler, familiärer oder sozialer Ebene (vgl. Rönnau-Böse, 2013).

Resilienz kann nie „fertig" sein. Menschen verändern sich ständig, während sie sich mit der Bewältigung von Stressoren auseinandersetzen: Es werden Einstellungen angepasst, neue Stärken und Kompetenzen gewonnen (Kunzler et al., 2018, S. 747).

Resilienz im weiteren Sinne kann dagegen als Kompetenz angesehen werden, die sich aus verschiedenen Teilkompetenzen zusammensetzt (vgl. Rönnau-Böse & Fröhlich-Gildhoff, 2015). Diese Teilkompetenzen oder Einzelfähigkeiten sind in Risikosituationen nötig, um solche Situationen bewältigen zu können. Sie sind aber auch nötig, um im Alltag mit herausfordernden Situationen umgehen zu können. Resilienz ist dabei nicht nur eine persönliche Fähigkeit, sondern entwickelt sich stets in Interaktion mit der Umwelt. Entscheidend ist dabei unter anderem, wie Eltern, nahe Bezugspersonen oder pädagogische Fachkräfte ein Kind in der Bewältigung von alltäglichen Herausforderungen und Krisen begleiten und wie viel Resilienz die Umwelt selbst zeigt oder aktivieren kann.

Resilienz lässt sich insbesondere auf die folgenden drei Faktoren zurückführen (Kauai-Studie; Werner 1994; Werner & Smith, 1982):

- Eigenschaften des Kindes, auf die das Umfeld positiv reagiert,
- emotionale Bindungen und Beziehungen in der Familie,
- Unterstützung von außerhalb der Familie (vgl. Hohm et al., 2017).

Die Förderung von Resilienz wird dem Gebiet der Prävention und Gesundheitsförderung zugeordnet. Kitas spielen dabei eine entscheidende Rolle, weil sie ein zentrales Setting für Prävention und Gesundheitsförderung sind (vgl. Mauz et al., 2020). Gesundheitsförderung hat das Ziel, dass Kinder lernen, gut für sich zu sorgen und ihre Gesundheit zu erhalten. Dazu können Kitas beitragen, indem sie die Ressourcen der Kinder stärken und Belastungen für eine gesunde Entwicklung verringern.

2. Verwandte Konzepte

Es gibt verschiedene Konzepte, die dem Resilienzkonzept ähnlich sind oder die Überschneidungspunkte aufweisen. Aufgrund der Überschneidungen und zu einem besseren Verständnis von Resilienz wird auf einige davon näher eingegangen. Eines davon ist das Konzept der Lebenskompetenzen.

Lebenskompetenzen (Life Skills; vgl. WHO 1994) sind zehn zentrale Kompetenzen, die von der Weltgesundheitsorganisation im Jahr 1994 definiert wurden. Sie werden als entscheidende Kompetenzen angesehen, um mit den alltäglichen Aufgaben des Lebens angemessen umzugehen. Lebenskompetenzen ermöglichen es Menschen, diese Aufgaben erfolgreich zu bewältigen. Jeder Mensch verfügt über Lebenskompetenzen, denn jeder schafft es, alltägliche Anforderungen zu meistern – den einen gelingt dies besser, den anderen weniger gut, je nach Verfassung und Ressourcen.

Nationales Gesundheitsziel

Im „Nationalen Gesundheitsziel – Gesund aufwachsen: Lebenskompetenz, Bewegung, Ernährung“ wurden Ziele definiert, die zu einem gesunden Aufwachsen von Kindern beitragen (vgl. Bundesministerium für Gesundheit, 2010). Ähnlich wie das Resilienzkonzept folgt dieser Ansatz nicht der Förderung einzelner Fähigkeitsbereiche, sondern es wird eine Förderung „von einem Set sozialer und psychischer Fertigkeiten“ (ebd.) angestrebt. Kinder sollten in der Kita eine Vielzahl an Fähigkeiten und Fertigkeiten erlangen und üben können: Wie verhalte ich mit den Kindern in der Gruppe gegenüber? Wie regle ich

10 ZENTRALE LEBENSKOMPETENZEN FÜR KINDER VON 3–6 JAHREN

1. Selbstwahrnehmung: Kinder lernen, sich selbst wahrzunehmen, mit den eigenen Stärken (was kann ich gut, was gelingt mir gut) und Schwächen (was kann ich (noch) nicht so gut), mit den eigenen Wünschen (das hätte ich gerne, das wünsche ich mir) und Abneigungen (das gefällt mir nicht so gut, das mag ich nicht). Dazu können pädagogische Fachkräfte mit den Kindern über deren Stärken und Schwächen, deren Wünsche und Abneigungen sprechen und ihnen spiegeln, was sie selbst am Kind wahrnehmen.
2. Empathie: Pädagogische Fachkräfte helfen Kindern, sich in andere hineinzuversetzen und zu verbalisieren, wie sie die Befindlichkeit von Kindern wahrnehmen.
3. Kreatives Denken: Kinder werden mit ihren Ideen, Interessen und Themen wahr- und ernst genommen. Zudem kann Kindern Freiraum gegeben werden, ihren eigenen Interessen zu folgen und diese – gerade im Spiel – kreativ zu verwirklichen.
4. Kritisches Denken: Kritisches Denken entwickelt sich in den ersten Lebensjahren erst allmählich, dennoch können Kinder durch Partizipation in Entscheidungen einbezogen werden und so Informationen und Abläufe verstehen.
5. Die Fähigkeit, Entscheidungen zu treffen: Auch die Fähigkeit, Entscheidungen zu treffen, kann durch Einbeziehung der Kinder gestärkt werden, indem Kindern Abläufe verständlich erläutert und sie an Entscheidungen beteiligt werden.
6. Problemlösefertigkeit: Bei Problemlösungen ist wiederum Kreativität vonnöten. Pädagogische Fachkräfte stärken Kinder darin, Probleme selbst zu lösen, indem sie ihnen nicht vorschnell Lösungen vorschlagen, sondern sie durch kluge Fragen dabei unterstützen, eigene Lösungen zu finden.
7. Kommunikative Kompetenz: Fachkräfte nehmen sich Zeit, mit den Kindern zu sprechen, interessieren sich für ihre Fragen und Anliegen und haben ein offenes Ohr, wenn Kinder mit einem Anliegen zu ihnen kommen.
8. Interpersonale Beziehungsfertigkeiten: Pädagogische Fachkräfte unterstützen Kinder dabei, alters- und situationsangemessen Kontakt zu einer Gruppe spielender Kinder aufzunehmen und aufrechtzuerhalten.
9. Gefühlsbewältigung: Der angemessene Umgang mit und die Bewältigung von Gefühlen setzt voraus, diese Gefühle wahrnehmen zu können – bei sich und anderen. Dazu können pädagogische Fachkräfte durch Spiegeln und Mentalisieren die Gefühle der Kinder wiedergeben und beschreiben. Sie können Kinder dabei unterstützen, ihre Gefühle sowohl verbal als auch nonverbal angemessen zum Ausdruck zu bringen.
10. Die Fähigkeit der Stressbewältigung: Damit Kinder befähigt werden, Stress angemessen bewältigen zu können, sollten sie dabei unterstützt werden, Faktoren zu kennen, die Stress bei ihnen auslösen, und sie sollten Strategien lernen, Stress vorzubeugen. Hier bieten sich Methoden wie Kinder-Yoga, Fantasiereisen, Atemübungen oder progressive Muskelentspannung an, aber auch Rennen, Hüpfen, Springen, Klettern, Spaziergänge in der Natur oder kreative Tätigkeiten wie Malen, Basteln, Weben oder Schnitzen.

Kinder erleben sich als kompetent, wenn sie selbst tätig werden dürfen.

Streit mit meinen Freund:innen? Auf welche Arten bewege ich mich gerne? Bekomme ich ausreichend Gelegenheit, mich so zu bewegen, wie es mir gefällt? Wie ernähre ich mich gesund? Was schmeckt mir gut? Wovon esse ich wie viel? Was ist gesund und schmeckt mir gut?

Gesundheitsförderung und Prävention

Es gibt in Deutschland seit einigen Jahren ein Gesetz, das Prävention auch in der Kita ermöglichen und die finanzielle Unterstützung durch Krankenkassen verstärken soll: Das Präventionsgesetz (PrävG) der Bundesregierung soll die Zusammenarbeit von Sozialversicherungsträgern, Ländern und Kommunen bezüglich Prävention und Gesundheitsförderung für alle Altersgruppen und vielfältigen Lebensbereiche verbessern. So sollen in den Lebenswelten, also bedeutsamen sozialen Systemen wie in der Kita, durch die Krankenkassen Leistungen zu Gesundheitsförderung und Prävention gefördert werden (§20a Abs. (1) PrävG.). Krankenkassen haben somit einen gesetzlichen Auftrag, auch in Institutionen wie der Kita gesundheitsfördernde Leistungen zu unterstützen. Das bedeutet, Kitas können bei den gesetzlichen Krankenkassen die Unterstützung von Leistungen beantragen, die die Gesundheit der Kinder fördern. Das kann ein Yoga-Kurs sein oder ein Kurs zu gesunder Ernährung.

> Eine professionelle Haltung bildet die Grundlage für die Förderung von Resilienz.

3. Professionelle pädagogische Haltung

Die Haltung von Fachkräften bildet die Grundlage für die gesamte pädagogische Arbeit in der Einrichtung. Sie durchzieht alle Bereiche der Kita: Wie sprechen die Fachkräfte mit den Kindern? Welche Atmosphäre herrscht vor? Wie wird das gemeinsame Essen gestaltet? Wie werden Konflikte gelöst? Wie wird über Kinder gesprochen? Wie wird Eltern begegnet? Wie wird mit kulturellen und sonstigen Unterschieden umgegangen?

Es ist wichtig, dass sich pädagogische Fachkräfte mit der eigenen Haltung auseinandersetzen, diese im Team reflektieren und sich darüber austauschen. Unterschiedliche Haltungen zeigen sich zum Beispiel, wenn es um die Einhaltung von Regeln geht oder bei Essenssituationen. Während die eine Kollegin möchte, dass die Kinder ihren Teller leer essen, findet ein anderer Kollege das nicht wichtig und geradezu ungünstig für die Kinder. Während ein Kollege der Ansicht ist, alle Kinder müssen sitzen bleiben, bis jedes Kind aufgegessen hat, meint eine andere Kollegin, die Kinder sollten doch bereits aufstehen und spielen dürfen, wenn sie fertig sind.

■ **Aus der Praxis:** In der Kita Sonnenblume isst Ben (4 Jahre) beim Mittagessen seinen Reis mit den Händen. Die pädagogische Fachkraft Lisa möchte Ben dazu bringen, seinen Löffel zu benutzen. Dagegen sagt ihr Kollege Florian: „Lass ihn doch so essen, wie er möchte."

Hier treffen unterschiedliche pädagogische Sichtweisen aufeinander. Für Lisa ist es nicht vorstellbar, mit den Fingern zu essen, weil sie selbst zu strengen Tischsitten erzogen wurde und es unangenehm findet, wenn Ben mit „schmutzigen" Fingern sein Essen zu sich nimmt. Florian dagegen betrachtet die Situation aus einer anderen Perspektive. Er nimmt wahr, dass Ben so mit allen Sinnen sein Essen erkundet, es ihm sichtlich gut schmeckt und er dabei einen Bildungsprozess durchläuft: Wie fühlt sich der Reis an? Wie muss ich das motorisch anstellen, dass die kleinen Reiskörner nicht zu Boden fallen? ■

Hilfreich wäre es, wenn die beiden pädagogischen Fachkräfte sich in einer ruhigen Minute oder einer Teamsitzung – am besten mit den anderen Teammitgliedern – über ihre individuelle Essensbiografie austauschen und sich überlegen, wie sie solche oder ähnliche Situationen künftig gut handhaben könnten. Wichtig dabei ist es, das Kind im Blick zu behalten und zugleich die persönlichen Befindlichkeiten nicht aus den Augen zu verlieren. Von da aus könnte gemeinsam überlegt werden, welche Vorgehensweise pädagogisch am sinnvollsten und für die Kinder am entwicklungsförderlichsten ist.

Reflexion im Kita-Team

Professionelle pädagogische Haltung als Grundlage für Resilienzförderung bedeutet auch: Resilienzförderung baut auf einer Pädagogik der Anerkennung und Vielfalt auf. Sie achtet die Kinderrechte, wie sie in der UN-Kinderrechtskonvention beschrieben sind (vgl. UNICEF, 1989). Um als Team einer Kita eine Pädagogik und Haltung der Anerkennung zu reflektieren und so ständig deren Umsetzung (noch) besser zu verwirklichen, empfiehlt sich die Auseinandersetzung mit ethischen Fragen. Eine Möglichkeit hierzu bieten Leitlinien wie die Reckahner Reflexionen vom Arbeitskreis Menschenrechtsbildung. Die zehn Leitlinien der Reckahner Reflexionen sind bewusst einfach und knapp gehalten, sodass ein Kita-Team diese besprechen und reflektieren kann, ohne sich zuerst langwierig einarbeiten zu müssen.

Die Reckahner Reflexionen lauten

„Was ethisch begründet ist

1. Kinder und Jugendliche werden wertschätzend angesprochen und behandelt.
2. Lehrpersonen und pädagogische Fachkräfte hören Kindern und Jugendlichen zu.
3. Bei Rückmeldungen zum Lernen wird das Erreichte benannt. Auf dieser Basis werden neue Lernschritte und förderliche Unterstützung besprochen.
4. Bei Rückmeldungen zum Verhalten werden bereits gelingende Verhaltensweisen benannt. Schritte zur guten Weiterentwicklung werden vereinbart. Die dauerhafte Zugehörigkeit aller zur Gemeinschaft wird gestärkt.
5. Lehrpersonen und pädagogische Fachkräfte achten auf Interessen, Freuden, Bedürfnisse, Nöte, Schmerzen und Kummer von Kindern und Jugendlichen.
6. Kinder und Jugendliche werden zu Selbstachtung und Anerkennung der anderen angeleitet.

Was ethisch unzulässig ist

7. Es ist nicht zulässig, dass Lehrpersonen und pädagogische Fachkräfte Kinder und Jugendliche diskriminierend, respektlos, demütigend, übergriffig oder unhöflich behandeln.
8. Es ist nicht zulässig, dass Lehrpersonen und pädagogische Fachkräfte Produkte und Leistungen von Kindern und Jugendlichen entwertend und entmutigend kommentieren.
9. Es ist nicht zulässig, dass Lehrpersonen und pädagogische Fachkräfte auf das Verhalten von Kindern und Jugendlichen herabsetzend, überwältigend oder ausgrenzend reagieren.
10. Es ist nicht zulässig, dass Lehrpersonen und pädagogische Fachkräfte verbale, tätliche oder mediale Verletzungen zwischen Kindern und Jugendlichen ignorieren“ (Prengel, 2020).

Die Reckahner Reflexionen können in Kitas verwendet werden, um sich über die Beziehungsgestaltung innerhalb des Teams auszutauschen. Auf diese Weise kann ein Gespräch über die eigenen pädagogischen Verhaltensweisen in Gang kommen und eigenes Verhalten reflektiert werden. So kann in einer Teamsitzung damit begonnen werden, sich ein paar Minuten über nur einen Satz der Reckahner Reflexionen zu unterhalten und unterschiedliche Sichtweisen zusammenzutragen. Zu Beispiel kann der erste Satz „Kinder und Jugendliche werden wertschätzend angesprochen und behandelt“ zum Anlass genommen werden, sich darüber auszutauschen, woran eine wertschätzende Begegnung erkannt wird und wie jedes einzelne Teammitglied sich bemüht, wertschätzend mit den Kindern umzugehen. Außerdem können beobachtete Situationen geteilt werden, in denen ein:e Kolleg:in sich einem Kind wertschätzend zugewandt hat oder eben nicht und was sie gebraucht hätte, um in der Situation dem Kind doch wertschätzend zu begegnen. Im Lauf der Woche kann dieser Satz in jedem Gruppenraum aufgehängt werden, sodass die Fachkräfte sich daran erinnern, sich im pädagogischen Alltag weiter darüber austauschen und diesen umsetzen.

Grundlagen einer resilienzfördernden Haltung

Eine Haltung, die die Resilienz bei Kindern fördern und stärken kann, beinhaltet folgende Faktoren (vgl. Kaiser, 2020; Kaiser & Fröhlich-Gildhoff, 2022):

- Ressourcenorientierung,
- Stärkenorientierung,
- Ermutigung,
- bedingungslose Wertschätzung, reflektierte Authentizität, Empathie,
- Unterstützung bei der Bewältigung von (alltäglichen) Herausforderungen,
- Kennen und Beachtung von Risiko- und Schutzfaktoren.

Ressourcenorientierung meint die konsequente Orientierung an den Ressourcen der Kinder. Ressourcen sind Fähigkeiten von Kindern, die zur Bewältigung von schwierigen Situationen dienlich sind (vgl. Kiso & Lotze, 2014) und Kinder stärken. Ressourcen sind wichtig, um Resilienz zu entwickeln. Eine ressourcenorientierte Haltung geht davon aus, dass jedes Kind (und jeder Mensch) über Ressourcen verfügt, die es zu entdecken und im Blick zu haben gilt. Dabei können psychosoziale Ressourcen von Kindern in personale, familiäre und soziale Ressourcen unterschieden werden (vgl. Schmidtke et al.,

2021). Diese Ressourcen zu entdecken und zu erschließen, ist Aufgabe der pädagogischen Fachkräfte. Dazu können pädagogische Fachkräfte sich immer wieder aufs Neue vornehmen, gezielt nach Ressourcen der einzelnen Kinder Ausschau zu halten und diese auch zu benennen.

Personale Ressourcen sind beispielsweise

- Begabungen des Kindes (Gefühl für Rhythmus und Musik, Sprachgefühl, Verständnis für Zahlen, Interesse an der Natur; vgl. Kiso, Lotze & Behrensen, 2014)),
- Selbstkompetenzen (wie die Fähigkeit, sich selbst motivieren zu können, mit Stress umgehen zu können, planen zu können); vgl. ebd.),
- „körperliche Gesundheit, emotionale Stabilität, kognitive Fähigkeiten" (vgl. Schlack et al., 2009).

Familiäre Ressourcen sind beispielsweise:

- die primären Bezugspersonen,
- eine positive Beziehung zu den Eltern/primären Bezugspersonen,
- verfügbare Bezugspersonen, die sich für das Wohlergehen ihrer Kinder, deren Aufenthaltsort und Aktivitäten interessieren,
- Verwandte des Kindes,
- finanzielles Kapital der Familie,
- ausreichend Wohnraum und Möglichkeiten zum Draußenspielen,
- Bücher und Bildungsmedien (kulturelles Kapital).

Soziale Ressourcen sind beispielsweise:

- feste Freundschaften und ein positives soziales Miteinander unter Gleichaltrigen,
- pädagogische Fachkräfte,
- Lehrkräfte,
- stabile Beziehungen zu kompetenten Erwachsenen wie Lehrkräfte, pädagogische Fachkräfte, Trainer:innen im Sportverein/beim Kinderturnen,
- Nachbar:innen,
- eine hohe Qualität in den Nachbarschaftsbeziehungen,
- Turnvereine,
- Sportvereine,
- Musikvereine.

Eine pädagogische Fachkraft, die sich an den Ressourcen von Kindern (und deren Familien) orientiert, begibt sich auf Schatzsuche nach diesen Ressourcen. Diese Ressourcen können auch in der Kindertageseinrichtung eingebracht werden. Vielleicht spielt die Tante eines Kindes gut Gitarre und kann beim Sommerfest für die musikalische Begleitung sorgen, oder eine Mutter kann gut malern und beim Streichen des Badezimmers in der Einrichtung behilflich sein?

Stärkenorientierung bedeutet, sich konsequent an den Stärken der Kinder zu orientieren. Stärken sind (in Abgrenzung zu Ressourcen) individuelle Fähigkeiten, Fertigkeiten, Interessen, Begabungen und Kompetenzen eines Kindes.
Stärkenorientierung als professionelle pädagogische Haltung geht davon aus, dass jedes Kind über individuelle Stärken verfügt. Eine defizitorientierte Sichtweise richtet den Fokus stark auf das, was ein Kind nicht kann. Eine stärkenorientierte Sichtweise achtet gezielt auf das, was ein Kind schon kann, was ein Kind besonders gut kann, aber auch, was ein Kind besonders gerne tut, worin es sich als kompetent erlebt. Somit wird der Blick auf die Potenziale der Kinder gelenkt, auf Kompetenzen und auf Fähigkeiten.

> Fachkräfte begeben sich auf Schatzsuche nach den Stärken der Kinder.

Ein stärkenorientierter, wohlwollender Blick macht Kinder stark: Die Beachtung und Benennung von Stärken

PRAXISIMPULS: DER RESSOURCENBAUM

Um die Ressourcen von Kindern gemeinsam mit dem jeweiligen Kind sichtbar zu machen, regen Kiso, Lotze und Behrensen (2014) das gemeinsame Erstellen eines „Ressourcenbaumes" an. Dazu wird ein Baum gezeichnet, mit Wurzeln, Stamm und Ästen. Das Kind und die pädagogische Fachkraft tauschen sich darüber aus, was das Kind stark macht und unterstützt, was es besonders gut kann und was ihm Freude macht. All das notieren sie im Ressourcenbaum. Er kann stetig weiterentwickelt werden. Außerdem könnten in der Kita die Ressourcenbäume aller Kinder im Gruppenraum aufgehängt oder im Portfolio-Ordner eingeheftet werden. So haben sowohl die Kinder als auch die Fachkräfte stets die Ressourcen im Blick.

unterstützt das positive Selbstkonzept eines Kindes. Pädagogische Fachkräfte begeben sich auf Schatzsuche nach diesen Stärken, anstatt Fehlerfahndung zu betreiben. Außerdem sollten sie mit den Kindern in den Austausch über ihre Stärken treten.

■ **Aus der Praxis:** Fachkraft Johanna fällt auf, dass der 5-jährige Cem ein großes Interesse an Insekten und Schnecken hat und bereits viel darüber weiß. Sie ermutigt ihn, sein Wissen mit den anderen Kindern zu teilen. Als einige andere ebenfalls Interesse zeigen, richtet Johanna gemeinsam mit einer kleinen Kindergruppe eine „Schneckenforscher-Station" im Außengelände ein. Cem erlebt sich dabei als Experte, als die anderen Kinder Fragen zu den Tieren haben und er diese beantworten kann. So gewinnt er an Selbstvertrauen. ■

Resilienzförderung richtet somit den Blick auf die Stärken der Kinder. So können die Stärken gestärkt und die Schwächen schwächer werden. Gerade bei Kindern, deren Verhalten als herausfordernd erlebt wird und deren Stärken auf den ersten Blick nicht deutlich wahrnehmbar sind, liegt es in der Verantwortung der pädagogischen Fachkraft, gezielt nach deren Stärken zu suchen. Fällt dies einer einzelnen Fachkraft schwer, so kann sie den Austausch mit anderen Fachkräften oder mit den Eltern des Kindes suchen („Was denken Sie: Was kann ihr Kind richtig gut?"). Stärken sollten immer klar benannt werden. Auch Eltern sollten dazu angeregt werden, die Stärken des Kindes zu sehen und zu benennen.

Im Gespräch mit dem jeweiligen Kind kann dieses nach seiner Selbsteinschätzung gefragt werden („Was kannst du so richtig gut?", „Was machst du wirklich richtig gerne?"). Pädagogische Fachkräfte können sich gegenseitig daran erinnern, sich auf Schatzsuche zu begeben und sich in stärkenorientierter Wahrnehmung zu üben – übrigens auch auf Ebene der Kolleg:innen und Eltern. Dies bedeutet nicht, Entwicklungsbedarfe zu übersehen, sondern vielmehr, diese konsequent zu benennen und trotzdem an den vorhandenen Stärken anzusetzen. Kinder sollten in der Kita erleben: Hier werde ich gesehen, hier werde ich positiv beachtet, gerade auch mit dem, was ich gut kann. Hilfreich kann der Einsatz stärkenorientierter Beobachtungsverfahren sein wie zum Beispiel die Bildungs- und Lerngeschichten (vgl. Carr, 2001).

Ermutigung zählt zu einer professionellen pädagogischen Haltung, die Resilienzförderung im Blick hat, weil sie Kindern Mut zuspricht und ihnen ein grundsätzliches Vertrauen entgegenbringt. Ermutigende Fachkräfte trauen Kindern zu, Aufgaben bewältigen zu können und Hindernisse zu überwinden. Ermutigung bedeutet „Vertrauen in die Möglichkeiten und Fähigkeiten des Menschen […]. Ermutigung regt das Kind […] an, sein Bestes zu geben, und hilft ihm dabei, die eigenen Fähigkeiten überhaupt als solche zu erkennen – Ermutigung wirkt so positiv ansteckend, über sich hinauszuwachsen" (Frick, 2011, S. 46).

> Wenn Kinder Herausforderungen meistern, wächst ihr Selbstvertrauen.

Die bedingungslose Wertschätzung, reflektierte Authentizität und Empathie (vgl. Rogers, 1957) sind zentrale Bestandteile der personenzentrierten Beratung und Therapie – und nicht nur dieser. Diese drei Konstrukte sind wesentlich für jede hilfreiche Beziehung und können somit auch wesentlich zu einer gelingenden pädagogischen Beziehung in der Kita beitragen.

Bedingungslose Wertschätzung bedeutet, jedes Kind so zu akzeptieren, wie es ist. Das Kind wird in seinem Wert als Person angenommen und gesehen – unabhängig davon, wie es sich gerade verhalten hat und ob das Verhalten als anstrengend und herausfordernd erlebt wird.

Reflektierte Authentizität umfasst die innere Kongruenz. Das bedeutet, eine Person ist eins mit sich selbst und nimmt wahr, was in ihrem Inneren geschieht. Die kommunikative Kongruenz wiederum meint die Fähigkeit, kommunizieren zu können, was eine Person aktuell erlebt, und ihren Tonfall mit ihrer Körpersprache in Einklang zu bringen (vgl. Behr, 2012). Im pädagogischen Alltag kann dies durchaus herausfordernd und anstrengend für pädagogische Fachkräfte sein.

■ **Aus der Praxis:** Die 4-jährige Finja rennt laut rufend um den Tisch, an dem Fachkraft Jonas sitzt. Der Erzieher fühlt sich zunehmend gestresst und hat zudem Sorge, dass andere Kinder umgerannt werden. Dennoch weiß er, dass er gut dosieren muss, wie deutlich er seinen Ärger kundtut: in einem Maß, dass Finja zwar merkt, es ist ernst, und zugleich nicht erschrickt, weil seine Äußerung zu heftig oder laut erfolgt. Deshalb atmet er zuerst dreimal tief ein und aus, bevor er sich Finja zuwendet und ruhig, aber klar zu ihr sagt: „Finja, wenn du hier so schnell und laut um den Tisch rennst, ist es mir zu laut. Und ich habe Sorge, dass du die anderen Kinder umrennst. Bitte sei etwas leiser und laufe eher wie ein Pferd im Trab als wie ein galoppierendes Pferd, ja?" ■

Empathie und einfühlendes Verstehen beinhaltet die Fähigkeit, die Empfindungen aus der Perspektive des Kindes wahrzunehmen und sich so in das Kind hineinzuversetzen, als ob die pädagogische Fachkraft die Welt aus der Sicht des Kindes wahrnähme – ohne jedoch die Verankerung in der eigenen Person tatsächlich aufzugeben. Mittels einfühlendem Verstehen gelingt es, Kindern ihr Verhalten verbal zu spiegeln: „Du ärgerst dich, wenn dir der Turm immer wieder umfällt?" – „Du musst dich ziemlich anstrengen, um auf den unteren

Ast des Baumes zu klettern? Aber du gibst nicht auf und probierst es immer wieder, auch wenn es anstrengend ist.“

Unterstützung bei der Bewältigung von (alltäglichen) Herausforderungen meint die angemessene Begleitung durch Fachkräfte. Kinder stehen täglich vor einer Vielzahl von Herausforderungen – kleineren und größeren. Sie gehen damit je nach Temperament anders um. Auch jede Fachkraft und jede Kita begleitet Kinder unterschiedlich durch diese Herausforderungen. Zunächst müssen pädagogische Fachkräfte überhaupt erst einmal wahrnehmen, dass ein Kind vor einer individuell herausfordernden Situation steht. Im Kita-Alltag können dies je nach Kind unterschiedliche und auch vermeintlich kleinere Aufgaben sein, wie das Anziehen oder Schnüren der Schuhe, das Schließen des Reißverschlusses an der Jacke, das Öffnen des Rucksacks beim Vespern. Wenn ein Kind bei kleineren Herausforderungen erlebt, dass es – gegebenenfalls mit Hilfestellung, so viel wie nötig, so wenig wie möglich – diese Herausforderungen meistert, so wächst sein Vertrauen in sich selbst und in die Hilfsbereitschaft der Umgebung. Vielleicht traut sich ein Kind dann auch die Bewältigung schwierigerer Situationen zu oder vertraut auf die Unterstützung seiner Umgebung, wenn es alleine nicht weiterweiß. Wichtig ist, dass Kinder lernen, auf ihre eigenen Fähigkeiten zu vertrauen – diese Fähigkeiten und dieses Vertrauen können sie bei der Bewältigung alltäglicher Herausforderungen erproben. Anstatt die Hände hilflos in den Schoß zu legen, lernen Kinder so, an sich und ihre Fähigkeiten zu glauben und so Probleme aktiv angehen und lösen zu können. Wichtig ist es auch, dass pädagogische Fachkräfte Kinder sensibel und bewusst bei der Bewältigung von Anforderungen begleiten. Je nach Situation und Kind kann es genügen, aufmunternd zu nicken oder dem Kind zuzulächeln und es so in seinen Bemühungen zu bestätigen, oder es kann eine verbale Hilfestellung sein: „Das klappt gleich, gleich hast du es geschafft!“ – „Hast du schon probiert, ob du besser an die Tassen kommst, wenn du dir einen Stuhl holst und draufkletterst?“

Um die Resilienz von Kindern fördern zu können, benötigen pädagogische Fachkräfte Kenntnisse des Risiko- und Schutzfaktorenkonzepts. Schutzfaktoren sind Faktoren, die die Wahrscheinlichkeit für ein psychisch gesundes Aufwachsen erhöhen, Risikofaktoren dagegen senken die Wahrscheinlichkeit. Dabei treten diese Faktoren dann in Erscheinung, wenn eine bedrohliche Situation vorliegt. Jedes Kind in der Gruppe, das eine herausfordernde Krise zu bewältigen hat, bringt ein Bündel an Schutzfaktoren, aber auch an Risikofaktoren mit in die Situation. Die pädagogischen Fachkräfte versuchen durch wahrnehmende Beobachtung und im Austausch mit der Familie des Kindes, Risiko- und Schutzfaktoren in der individuellen Entwicklung eines Kindes zu erkennen und zu benennen. Daraus lassen sich pädagogische Implikationen ableiten. Es gilt, die Risikofaktoren zu mindern und abzuschwächen sowie die Schutzfaktoren und Ressourcen zu erhöhen mit dem Ziel, die Anpassungsfähigkeit von Kindern und ihrer Umwelt zu stärken (vgl. Masten, 2016).

4. Gelingende Interaktionen zwischen Fachkraft und Kind

Die pädagogische Fachkraft trägt maßgeblich die Verantwortung dafür, dass sich die Kinder in der Kindertageseinrichtung wohlfühlen. Dazu ist es wesentlich, positive Interaktionen und eine anregungsreiche, kindgerechte Umgebung zu gestalten. Dies kann im Alltag herausfordernd sein, wenn fünf Kinder gleichzeitig etwas von der Fachkraft wollen, wenn an einem Tag besonders viele Konflikte entstehen oder die Fachkraft selbst gestresst ist. Immer wieder neu auf eine gelingende Beziehungsgestaltung zu achten, gehört zu den Kernaufgaben von Kita-Fachkräften.

Bindung und Beziehung in der Kita
Wesentlich für das Wohlbefinden von Kindern ist eine sichere bindungsähnliche Beziehung zu pädagogischen Fachkräften. Damit diese entstehen kann, sind fünf Komponenten entscheidend (vgl. Ahnert, 2007): Zuwendung, Sicherheit, Stress-

FAKTOREN EINER GELINGENDEN FACHKRAFT-KIND-INTERAKTION

- Stillen der Grundbedürfnisse von Kindern;
- Unterstützung des Explorationsbedürfnisses;
- Setzen klarer Regeln und Grenzen;
- Spiegeln der Erfahrungen von Kindern,
- Ermöglichung fantasievollen Spiels und Kreativität;
- eine positive emotionale Beziehung durch Feinfühligkeit, professionelles Antwortverhalten, Warmherzigkeit, Empathie;
- Interesse an den Themen der Kinder und interessierte Gespräche darüber;
- ein reger Austausch zwischen Kindern und Fachkraft sowie Zeiten gemeinsam geteilter Aufmerksamkeit;
- Feedback zu Handlungen und Aktionen der Kinder, das ermuntert und ermutigt;
- offene, anregungsreiche Fragen an die Kinder;
- gemeinsames Nachdenken über Themen, Fragen, Ideen und gemeinsames Weiterentwickeln derselben;
- feinfühlige Lenkung der gesamten Kindergruppe;
- eine entspannte Gruppenatmosphäre/ein positives Gruppenklima;
- Achtung vor der Autonomie der Kinder;
- Partizipation

(vgl. Kaiser, 2020).

reduktion, Explorationsunterstützung und Assistenz. Idealerweise erlebt ein Kind seinen Alltag in der Kita also etwa folgendermaßen:

Das Kind erfährt Zuwendung durch die pädagogische Fachkraft. Hierbei geht es nicht um die Quantität, sondern um die Qualität. Erlebt jedes Kind täglich, dass eine Bezugsperson sich ihm zuwendet, aufmerksam und wohlwollend? Zudem wird die Kita als ein Ort der Sicherheit wahrgenommen. Kinder, die sich sicher und geborgen fühlen, spielen ungehindert und erkunden die Umwelt.

Wenn das Kind Stress empfindet und diesen zum Ausdruck bringt, erhält es Unterstützung. Die pädagogische Fachkraft kann durch Co-Regulation den Stress reduzieren. Erlebt jedes Kind in der Einrichtung, dass seine Stress-Signale wahrgenommen werden und ihm dabei geholfen wird, sich wieder auszubalancieren? Auch bei alltäglichen schwierigen Aufgaben und Herausforderungen macht das Kind die Erfahrung, dass es sich auf die Assistenz der Fachkräfte verlassen kann, wenn es sie benötigt.

Fühlt sich das Kind sicher und geborgen, erkundet es die Räume der Kita und die Möglichkeiten, die sie ihm bieten. Fachkräfte lassen diese Exploration zu und unterstützen sie. Entscheidend dafür ist auch, dass der Raum anregungsreich und aus Kindersicht interessant genug ist, um erforscht zu werden.

Zone der nächsten Entwicklung

Wie können pädagogische Fachkräfte Interaktionen mit den Kindern entwicklungsförderlich gestalten? Hierfür ist es wichtig, das Kompetenzniveau der Kinder zu kennen, sich konsequent daran zu orientieren und dem Kind zu ermöglichen, in seiner aktuellen Zone der Entwicklung voranzukommen (vgl. Wertfein et al., 2015). Kinder sollten weder über- noch unterfordert sein. Werden Kinder unterfordert, so langweilen sie sich und lernen eher wenig. Werden Kinder überfordert, fühlen sie sich eventuell unter Druck, empfinden Angst oder Unzulänglichkeit. Auch so findet wenig bis kein Lernen statt. Erkennt die pädagogische Fachkraft aber, wo die aktuellen Kenntnisse und Fähigkeiten eines Kindes liegen, und unterstützt sie das Kind darin, sich von seiner bestehenden Entwicklungsstufe einen Schritt weiterzuentwickeln, dann kann das Kind einen Entwicklungsschritt machen. Diesen nächstmöglichen Entwicklungsbereich eines Kindes nennt Wygotsky „Zone der nächsten Entwicklung“ (vgl. Wygotski, 1987). Aufgabe der pädagogischen Fachkraft ist es, eine Art seelisches „Gerüst“ zu bauen, an das sich das Kind anlehnen kann, um daran wie eine Pflanze an einer Rankhilfe in die neue Entwicklungsstufe hineinzuwachsen.

Fachkräfte zeigen sich interessiert an den Themen der Kinder.

5. Salutogenese

Ein Konzept, das mit dem Resilienzkonzept in engem Zusammenhang steht, ist die Salutogenese nach Antonovsky (1997). Diese richtet den Blick konsequent auf das, was Menschen gesund erhält, und ist deswegen eine entscheidende Blickrichtung, die auch eine resilienzförderliche Haltung beinhaltet. Während die Pathogenese den Fokus darauf richtet, was Menschen krank werden lässt (zum Beispiel, welche Faktoren Bluthochdruck begünstigen), betrachtet die Salutogenese die Faktoren, die Menschen gesund erhalten – sowohl auf physischer als auch auf psychischer Ebene. Salutogenese fragt danach, wie Gesundheit entsteht. Eine Kita, die die Gesundheit der Kinder und ihrer Familien im Blick hat, fragt: Was können wir tun, um den Kindern und ihren Familien gesundheitsförderliches Verhalten nahezubringen? Was können die Kinder lernen über Bewegung, Ernährung, Entspannung, das ihnen zugutekommt? Wie können wir die Gesundheit von Kindern fördern?

> Salutogenese fragt danach, wie Gesundheit entsteht.

Auch Kita-Kinder erfahren Stressoren, die sie psychisch belasten. Dazu gehören zum Beispiel Konflikte in der Kita oder zu Hause, Übergänge wie zum Beispiel der Wechsel von Krippe zu Kita, aber auch politische Ereignisse wie der Ukraine-Krieg, die Kinder Sorgen bereiten können. Bereits in jungem Alter haben Kinder Situationen zu bewältigen, die für ihre Gesundheit herausfordernd sein können.

Streitigkeiten und kleinere Konflikte unter Kindern sind in der Kita an der Tagesordnung. Diese sind ein wichtiges Lernfeld für die Kinder, um sich im Sozialen zu behaupten und angemessen zu verhalten – gerade auch in Konfliktsituationen. Streiten sich Kinder jedoch regelmäßig und heftig oder werden vor allem bestimmte Kinder immer wieder in Konflikte verwickelt, so fordert dies die Kinder in besonderem Maße heraus, ebenso wie die Fachkräfte. Wie kann eine angemessene Begleitung dieser Konfliktsituationen aussehen? Diese Frage muss immer wieder je nach Situation neu beantwortet werden. Im Team können hilfreiche Strategien diskutiert werden, um die Kinder in der Bewältigung ihrer Konflikte zu unterstützen und zu fördern. Wie streitet man richtig? Das will gelernt sein.

Ein zentrales Konstrukt der Salutogenese ist das Kohärenzgefühl. Aufgrund seiner Bedeutung für die Widerstandsfähigkeit von Menschen wird dieser Begriff kurz erläutert.

Kohärenzgefühl

Das Kohärenzgefühl beschreibt ein Gefühl des Vertrauens, das sich aus drei Komponenten zusammensetzt: aus Verstehbarkeit, Handhabbarkeit und Bedeutsamkeit (vgl. Antonovsky, 1997). Pädagogische Fachkräfte können sich die Frage stellen, wie sie diese drei Komponenten bei Kindern unterstützen könnten. So können beispielsweise starke Emotionen des Kindes oder Konflikte unter Kita-Kindern mit dem Kind erläutert, beschrieben und eingeordnet werden. Beim Kind wird damit das Gefühl hervorgerufen: „Ich kann die Situation verstehen!"

Handhabbarkeit kommt zum Ausdruck, wenn ein Kind empfindet: „Ich kann das regeln! Ich schaffe das! Ich werde fertig damit!" Auch diese Empfindung können pädagogische Fachkräfte unterstützen, indem sie Kinder auf deren eigene Ressourcen aufmerksam machen: „Weißt du noch, wie du das gestern geschafft hast? Wie hast du das gemacht?", sowie auf die Ressourcen aus der Umwelt: „Wen könntest du fragen? Wer könnte dir dabei helfen?" Ein Kind muss nicht alles alleine schaffen, sondern kann auf Ressourcen aus der Umwelt zurückgreifen und sich Unterstützung holen,

> Positive Entwicklung findet statt, wenn die Grundbedürfnisse gestillt sind.

„von jemandem, auf den man zählen kann, jemandem, dem man vertraut" (ebd., S. 35). Günstig für das Gefühl der Handhabbarkeit von Situationen ist es, wenn ein Kind sich nicht in der Opferrolle sieht, sondern sich als handlungsmächtig fühlen und erleben kann und von der pädagogischen Fachkraft in seiner Handlungsmacht gestärkt wird. Dies gelingt, indem Kinder einbezogen werden und mitbestimmen dürfen. Sie haben die Kontrolle über sie betreffende Situationen und Umstände. Dazu benötigen Kinder Aufgaben, die sie weder übernoch unterfordern, sondern eine entwicklungsangemessene Herausforderung darstellen.

Wenn ein Kind davon ausgeht, dass eine Situation bedeutsam ist, dann ist es motiviert, sich zu engagieren und aktiv etwas zu tun. Dieses Gefühl wird jedoch nur dann möglich, wenn ein Kind beteiligt wird und auf alltägliche Erfahrungen Einfluss hat.

■ **Aus der Praxis:** Bei der Vorbereitung des Sommerfestes der Kita Wiesenblume werden die Kinder aktiv beteiligt. Sie entscheiden, welche Aktivitäten angeboten werden sollen, wie die Dekoration gestaltet wird und was es zu essen geben soll. Sie erleben, dass ihr Einsatz von hoher Bedeutung für das Gelingen des Festes ist. So sind sie motiviert, bringen sich ein und erleben das Fest als aktive Gestalter:innen und nicht nur passiv konsumierend. ■

Für pädagogische Fachkräfte ist es eine Herausforderung, jedes Kind im Blick zu behalten und einzuschätzen, ob die zu bewältigende Aufgabe für genau dieses Kind angemessen ist oder das Kind über- oder unterfordert. Lernen findet statt, wenn sich eine Aufgabe in der Zone der nächsten Entwicklung bewegt.

Diese drei Komponenten des Kohärenzgefühls – Verstehbarkeit, Handhabbarkeit und Bedeutsamkeit – kommen insbesondere bei kritischen Lebensereignissen zum Tragen. Menschen, denen ein hohes Kohärenzgefühl zu eigen ist, werden laut Antonovsky Herausforderungen bereitwillig annehmen und „ihr Möglichstes tun, sie mit Würde zu überwinden" (ebd., S. 36). Kinder zu stärken, um Herausforderungen in Würde zu bewältigen, kann eine Aufgabe für pädagogische Fachkräfte sein.

6. Grundbedürfnisse als Basis der Entwicklung

Grundbedürfnisse sind Bedingungen, die gegeben sein müssen, damit Kinder gut gedeihen. Die Erfüllung physischer und psychischer Grundbedürfnisse ist wesentlich für das Wohlbefinden und die gesunde Entwicklung von Kindern. Nur wenn diese Bedürfnisse gestillt werden, können Kinder ungehindert explorieren und sich aktiv mit ihrer Umwelt auseinandersetzen. Pädagogische Fachkräfte sollten somit die Erfüllung der Grundbedürfnisse im Blick behalten und ihr pädagogisches Vorgehen daran orientieren. Dazu ist es zunächst wichtig, diese Grundbedürfnisse zu kennen.

Wichtig zu wissen: Die Erfüllung von Grundbedürfnissen ist nicht verhandelbar. Diese sind jedoch nicht zu verwechseln mit weiteren Bedürfnissen, deren Erfüllung zwar angenehm für das Kind wäre, die jedoch nicht gleichermaßen wesentlich sind.

Physische Grundbedürfnisse wie die Nahrungsaufnahme müssen unbedingt befriedigt werden.

■ **Aus der Praxis:** Die 3-jährige Fiona hatte noch kein Frühstück und ist nun um 11 Uhr hungrig. Nahrungsaufnahme ist ein Grundbedürfnis. Fiona muss nun also etwas zu essen bekommen, denn ihr Grundbedürfnis nach Nahrung ist nicht verhandelbar. Der 4-jährige Luca dagegen hat gefrühstückt und hätte um 11 Uhr gerne ein Stück Schokolade. Fachkraft Stefan bietet ihm Obst und Brot als Zwischenmahlzeit an, was Luca ablehnt. Schokolade ist zwar Nahrung, aber wenn Luca hungrig ist, könnte er auch etwas Gesünderes aus dem Angebot der Kita vespern. Schokolade ist somit kein Grundbedürfnis, Nahrung schon. ■

Auf physischer Ebene gilt es, folgende Grundbedürfnisse zu beachten (vgl. Wertfein et al., 2020):

- Bedürfnis nach Sicherheit und Schutz: Die (räumliche) Sicherheit von Kindern muss gewährleistet sein, Kinder müssen vor Gefahren geschützt werden. Dies umfasst auch die Sicherstellung der Aufsichtspflicht.
- Bedürfnis nach gesunder Ernährung: Kinder benötigen ausreichend (gesundes) Essen und Trinken.
- Bedürfnis nach Hygiene und Körperpflege,
- Bedürfnis nach Entspannung, Schlaf und Ruhe,
- Bedürfnis nach Wärme, frischer Luft und Bewegung.

Auch auf psychischer Ebene gilt es, Grundbedürfnisse zu befriedigen. Diese sind:

- Bedürfnis nach Bindung: Bindung ist ein „imaginäres Band, das in den Gefühlen einer Person verankert ist und das sie über Raum und Zeit hinweg an eine andere Person, die als stärker und weiser empfunden wird, bindet“ (Grossmann, 2004, S. 71). Jedes Kind ist mit einem Bindungsverhaltenssystem ausgestattet, es möchte sich an kompetente andere Personen binden – in der Regel die primären Bezugspersonen. Während der ersten Lebensjahre wachsen Kinder seelisch gesund heran, wenn sie eine stabile Bindung zu ihren Bezugspersonen aufbauen können (vgl. Bowlby, 2010). In der Kita können die Fachkräfte zu wichtigen Bezugs- und Bindungspersonen werden.

  Die Fachkraft sollte dem Kind grundlegend feinfühlig begegnen, das heißt, seine Signale wahrnehmen, richtig deuten sowie altersentsprechend prompt und angemessen reagieren (vgl. Ainsworth et al., 1974). Wenn ein Kind kontinuierlich erlebt, dass seine Bezugspersonen mit passgenauem und feinfühligem Antwortverhalten auf seine Signale reagieren und verlässlich verfügbar sind, dann entwickelt das Kind ein inneres Arbeitsmodell, es verinnerlicht positive Erwartungen an andere Personen, die Schutz, Nähe, Sicherheit, Trost spenden und verfügbar sind. Diese Sichtweisen der Bindungstheorie und Bindungsforschung sind jedoch nicht unumstritten. Kritisch wird angemerkt, dass diese Sicht auf Bindung stark an autonomieorientierten Kulturen ausgerichtet ist, wie sie eher westliche (Mittelschichts-)Kulturen pflegen, und dass verbundenheitsorientierte Kulturen weniger berücksichtigt werden, weshalb eine kultursensible Perspektive auf Bindung gefordert wird (vgl. Keller, 2019).
- Bedürfnis nach Autonomie: Jedes Kind möchte eigenständige Entscheidungen treffen, seine Handlungen selbst bestimmen und die Ergebnisse der eigenen Handlungen erleben.
- Bedürfnis nach Kompetenz: Jedes Kind möchte sich als kompetent erleben und erfahren, dass es eigene Handlungen vollbringen kann.
- Bedürfnis nach Selbstwerterhöhung/Selbstwertschutz: Dieses Bedürfnis hängt zusammen mit der Selbstentwicklung bei Menschen. Wenn ein Bewusstsein über ein eigenes Selbst vorhanden ist, entsteht das Bedürfnis nach Selbstwerterhöhung. Kinder möchten gesehen werden und als liebenswert wahrgenommen und wertschätzend behandelt werden. Dann entwickelt sich ein positives Selbstbild. Werden die wesentlichen Grundbedürfnisse eines Kindes befriedigt, dann nimmt es sich wahr als Person, die wertvoll ist. Selbstwertschutz bedeutet, dass Kinder Aussagen bevorzugen, die ihren eigenen Selbstwert positiv benennen. Kinder brauchen Erwachsene, die sie positiv beschreiben, ihnen positive Eigenschaften zuschreiben und ihnen etwas zutrauen. Ein negatives Selbstwertgefühl kann eine seelisch ungesunde Entwicklung nach sich ziehen.

- Bedürfnis nach Orientierung und Kontrolle: Kinder entwickeln in der Kindheit im besten Fall eine Grundüberzeugung, dass sie Situationen voraussehen und kontrollieren können. Wenn eigene Ziele gesetzt und erreicht werden, dann gewinnt ein Kind positive Kontrollüberzeugungen. Damit hängt zusammen, dass ein Kind der Ansicht ist, ob es sich lohnt, sich für etwas einzusetzen oder zu engagieren und inwieweit Tätigkeiten einen Sinn haben. Dabei geht es einerseits darum, in aktuellen Situationen Kontrolle ausüben zu können sowie in künftigen Situationen den eigenen Handlungsspielraum zu erhalten oder zu vergrößern. Diese Kontrollüberzeugungen können zu positiven Selbstwirksamkeitserwartungen führen. In der frühen Kindheit ist das Bedürfnis nach Orientierung und Kontrolle stark mit dem Bindungsbedürfnis verknüpft. Wenn Kinder erleben, dass ihr Bedürfnis nach Zuwendung durch eine feinfühlige Bindungsperson gestillt wird, dann gewinnt auch das Kontrollbedürfnis. Das Bedürfnis nach Orientierung und Kontrolle wird immer dann aktiviert, wenn es um die Erreichung wichtiger Ziele für eine Person geht.
- Bedürfnis nach Lustgewinn und Unlustvermeidung: Kinder streben – wie alle Menschen – möglichst angenehme Zustände an und versuchen, unangenehme Zustände zu vermeiden. Zum Bedürfnis nach Lustgewinn zählt laut Grawe (2004) auch die Freude an eigenen Kompetenzen. Lust verschafft, was positiv erlebt wird. Unlust entsteht, wenn etwas negativ erlebt wird (vgl. Deci & Ryan 2004, Grawe 2004).

Angesichts der Grundbedürfnisse entwickeln Menschen Ziele, um diese zu erfüllen. Ein Kind, das sich beispielsweise als kompetent erleben möchte, wird sich Spielsituationen suchen, in denen es sein Wissen und Können einbringen kann.

Wie gut die Grundbedürfnisse erfüllt werden, hängt nicht zuletzt von der Umwelt ab, und somit auch von der Kita. Wichtig ist, dass pädagogische Fachkräfte sich bewusst machen, wie wesentlich diese Bedürfnisse für das Wohlbefinden von Kindern sind. Ihre Befriedigung sollte in der Kindertageseinrichtung sichergestellt sein.

7. Kritik am Resilienzkonzept

Kritik am Resilienzkonzept findet sich bezüglich verschiedener Aspekte. So wird kritisiert, dass gesellschaftliche Risiken individualisiert würden (vgl. Thun-Hohenstein et al., 2020) und so die Verantwortung für eine gesunde Entwicklung auf die einzelne Person abgewälzt wird. Somit würden Gesellschaft und Politik jeglicher Verantwortung enthoben. Ungünstige soziale Verhältnisse würden akzeptiert, wenn die Verantwortung auf Einzelpersonen abgeschoben wird. Ein weiterer Kritikpunkt ist die Gefahr der Fokussierung auf einen Selbstoptimierungszwang (vgl. Deutsche Kinder- und Jugendstiftung, 2022). Auch die Vorstellung, Resilienz könne trainiert werden wie ein Muskel, wird kritisiert. Denn durch diese Vorstellung wird hoher Druck auf Menschen ausgeübt, die sich in einer schwierigen Situation befinden – so kann die Stigmatisierung von Menschen begünstigt werden, die in einer Krise kämpfen und diese eben nicht seelisch gesund bewältigen (vgl. Bleick et al., 2020). Resilienz kann zum Problem werden, wenn zum Beispiel geflüchtete Menschen für ihr Leid selbst verantwortlich gemacht werden, und nicht die gesellschaftlichen Verhältnisse (ebd.).

Angesichts des Verlusts eines nahestehenden Menschen ist Trauer ein berechtigtes Gefühl. Wenn vom Umfeld die Erwartung bestehen würde, dass die Trauerphase besonders schnell überwunden werden müsse, dann wird Resilienz falsch verstanden. Trauersituationen sind Ausnahmesituationen, in denen jeder Person eine eigene Art der Trauerbewältigung zugestanden werden sollte, im eigenen Tempo und auf individuell stimmige Art und Weise.

Der Begriff der Resilienz wird teilweise synonym mit Begriffen wie Ressource oder Schutzfaktor verwendet und oft unscharf von diesen abgegrenzt (vgl. Schlack et al., 2009). Ein unkritischer Umgang mit dem Resilienzbegriff birgt die Gefahr, dass der Begriff seiner eigentlichen Bedeutung entledigt wird und einen Modebegriff ohne eigenen Wert darstellt. Andererseits gibt es bis heute keine einheitliche Definition des Begriffes. Resilienz kann nicht direkt gemessen, sondern nur indirekt erschlossen werden (vgl. Bonanno, 2012; Masten & Obradović, 2006; nach Reinelt et al., 2016).

Wann ist Resilienz schädlich?

In einem Artikel über die „dunkle Seite der Resilienz" gehen Mahdiani und Ungar (2021) auf die aus ihrer Sicht negative Seite von Resilienz ein. Diese umfasst beispielsweise die Illusion, es gäbe den einen richtigen Weg, um mit Risiken umzugehen. Sie stellen die Frage, wann Resilienz funktional sei und wann nicht, und diskutieren in diesem Zusammenhang, ob es einen falschen „Grad" an Resilienz gäbe (wenn zum Beispiel große Hoffnungen herrschen angesichts eines hoffnungslosen Zustandes), einen falschen Kontext (zum Beispiel Resilienz angesichts von Armut, wenn es eher darum ginge, aus der Armut zu kommen, statt sie zu tolerieren) sowie einen falschen Gebrauch von Resilienz, (wenn es nicht darum ginge, in einen ursprünglichen Zustand zurückzugeraten, sondern einen besseren neuen Zustand anzustreben).

Der Eindruck, es sei leicht, Kinder und Jugendliche in ihrer Resilienz zu fördern, indem einfach auf eine vorliegende Vielzahl an Übungen und Angeboten zurückgegriffen wird, wird ebenfalls kritisiert (vgl. Stamm & Halberkann, 2015).

Trotz aller berechtigten Kritik benötigen Menschen angesichts aktueller und künftiger Gefahren und Herausforderungen, auch auf globaler Ebene, adäquate Bewältigungsmöglichkeiten und individuelle Bewältigungskompetenzen. Diese können bereits bei jungen Kindern gefördert werden.

II

Wie entsteht kindliche Resilienz?

Resilienz ist die Kompetenz, sich flexibel an Krisen und Herausforderungen anpassen zu können. Angesichts vielfältiger Problemlagen sind Kinder wie Erwachsene immer wieder aufs Neue gefordert, sich nicht unterkriegen zu lassen und angemessene Strategien zu entwickeln. Wie gut das gelingt, hängt von bestimmten Faktoren und Voraussetzungen ab.

1. Psychische Gesundheit von Kita-Kindern

Um Entwicklungsaufgaben angemessen bewältigen können, ist eine stabile psychische Gesundheit eine grundlegende Ressource. Obwohl die große Mehrheit von Kindern gesund aufwächst, treten psychische Auffälligkeiten im Kindes- und Jugendalter häufig auf (vgl. Mauz et al., 2020).

Über Kitas werden Kinder aus Haushalten mit ganz unterschiedlichem sozioökonomischem Status erreicht. So bieten sich dort Möglichkeiten, an der Verbesserung gesundheitlicher Chancengleichheit mitzuwirken.

Es gibt Handlungsbedarf bezüglich der Förderung der psychischen Gesundheit von Kindern. Vor allem, wenn man bedenkt, dass psychische Auffälligkeiten und Störungen im Kindes- und Jugendalter den weiteren Entwicklungsverlauf beeinträchtigen können: Bis ins Erwachsenenalter können sie bestehen bleiben und geringeren Bildungs- und Berufserfolg sowie eingeschränktere soziale Beziehungen mit sich bringen (vgl. Mauz et al., 2020). Die COVID-19-Pandemie brachte Herausforderungen für die psychische Gesundheit von Kindern, auch im Kita-Alter, mit sich. Kita- und Schulschließungen, Notgruppen mit weniger Kindern, die Einengung offener Gruppenkonzepte, weniger Kontakt zu Gleichaltrigen, zeitweise keine Nutzung von Spielplätzen, überforderte Eltern, beengte Wohnverhältnisse und vieles mehr bedingten eine erhöhte psychische Belastung während der Pandemie.

> Stress ist subjektiv und zeigt sich ganz individuell bei Kindern.

PSYCHISCHE AUFFÄLLIGKEITEN BEI KINDERN

KiGGS-Studie (Studie zur Gesundheit von Kindern und Jugendlichen in Deutschland, RKI): Erhoben werden verschiedene Daten zur Gesundheit von Kindern und Jugendlichen zwischen 3 und 17 Jahren. So zeigten sich bei der Erhebung 2016/2017 in der Altersgruppe der 3- bis 6-Jährigen in einer schriftlichen Befragung von Eltern psychische Auffälligkeiten bei knapp 18 % der Kinder. Jungen zeigten mit einer Prävalenz von 21 % häufiger Symptome psychischer Auffälligkeiten als Mädchen (14 %). Dabei gibt es ein soziales Gefälle: Es weisen mehr Kinder aus Familien mit niedrigem sozioökonomischem Status (also niedrigem Einkommen) psychische Auffälligkeiten auf als Kinder aus finanziell besser situierten Haushalten (Mauz et al., 2020, S. 57 f).

Ob ein Kind eine gute Chance hat, seelisch gesund aufzuwachsen, hängt schon ab der frühesten Kindheit vom Umfeld ab. Psychische Störungen, die behandlungsbedürftig sind, weisen ungefähr sechs Prozent der Kinder in Deutschland auf. Dies bekommen auch Fachkräfte in der Kita zu spüren. So treffen sie stellenweise auf Kinder, die im pädagogischen Alltag auffallen und verstärkt Unterstützung brauchen. Häufig treten Angststörungen und depressive Störungen sowie aggressiv-dissoziale Störungen und ADHS (Aufmerksamkeitsdefizit-Hyperaktivitäts-Störung) auf. Ungefähr die Hälfte aller Angststörungen beginnt noch vor dem 11. Lebensjahr (vgl. Kölch et al., 2022). Dies zeigt, wie wichtig es ist, frühzeitig mit der Förderung der psychischen Gesundheit zu beginnen. Auch auf Kinder mit vermeintlich angepasstem Verhalten sollten Fachkräfte gut achten. Denn dahinter könnte sich ein nach innen gerichtetes Verhalten verbergen, das im Lauf der späteren Entwicklung zu einer Depression werden kann.

2. Bewältigungskompetenzen

Um sich von verschiedensten Krisen nicht mürbe machen zu lassen, benötigen Menschen angemessene Bewältigungskompetenzen. Bestenfalls werden diese im Bereich alltäglicher Krisen erworben und gewissermaßen „trainiert“, um dann auch auf größere Krisen übertragen zu werden. Deshalb ist es von Bedeutung, wie Eltern und pädagogische Fachkräfte Kinder im täglichen Zusammenleben beim Umgang mit auftretenden Krisen begleiten: Werden Kinder ermächtigt, selbst Lösungen zu suchen und zu finden? Werden Kinder befähigt, sich als aktiv und wirksam zu erleben, indem sie ihre Lösungsversuche selbst ausprobieren dürfen? Werden Kinder ermutigt, es weiter zu versuchen, wenn eine Lösung nicht gepasst hat? Werden Kinder darin bestärkt und ermutigt, eigenständig zu sein und zu werden und sich zuzutrauen, auftretende Probleme angehen zu können? All diese positive Bestärkung und Ermutigung unterstützt Kinder dabei, sich von Problemen nicht überwältigen zu lassen, sondern diese selbstbestimmt bewältigen zu können – oder sich Hilfe von außen zu suchen und anzunehmen. Aus diesem Grund ist es wichtig, dass sich pädagogische Fachkräfte und Eltern reflektieren, wie sie persönlich auf Krisen und Herausforderungen reagieren (Rollenmodell) und wie sie Kinder beim Umgang mit auftretenden Krisen und Herausforderungen begleiten.

Entscheidend bei einer Krise ist wie erwähnt, dass die aktuelle Belastung vorhandene Bewältigungsmöglichkeiten übersteigt. Dabei ist es egal, wie stark diese Belastung objektiv gesehen ist. Zentral ist, dass innere und äußere Ressourcen überstiegen werden, wodurch ein emotionaler Ausnahmezustand aus Angst oder Erschöpfung hervorgerufen werden kann. Als Krisenintervention in solchen überwältigenden Belastungssituationen empfehlen sich folgende Schritte (Riecher et al., 2004, S. 12):

- Kontakt aufbauen,
- für emotionale Entlastung sorgen,
- die Krise gemeinsam analysieren,
- gemeinsam definieren, was jetzt wichtig ist,
- Ressourcen analysieren,
- gemeinsam definieren, welche Ziele erreicht werden sollen,
- Probleme gemeinsam bearbeiten (anhand hilfreicher Lösungsstrategien, Aktivierung sozialer Ressourcen),
- nachhaltig versorgen.

Krisen sind Stressoren. Dabei sind es grundsätzlich nicht unbedingt die konkreten Ereignisse selbst, die zu Stress führen, sondern es kommt darauf an, wie wir dieses Ereignis für uns bewerten. Wir ordnen aus unserer Umwelt kommende Bedrohungen oder Herausforderungen für uns ein, reagieren darauf und versuchen, diese zu bewältigen (vgl. Myers, 2014).

■ **Aus der Praxis:** Fachkraft Simone ist mit einem Kind auf dem Bauteppich in ein Spiel mit Holztieren vertieft. Neben ihr entsteht ein Streit zwischen zwei weiteren Kindern um spezielle Bausteine, die sie beide für ihr Gebäude benötigen. Simone bleibt entspannt und wartet ab. Sie hat die Erfahrung gemacht, dass sich solche Konflikte häufig auch ohne ihre Einmischung lösen.

Ihr Kollege Jan in derselben Situation wartet ebenfalls zunächst ab. Doch er kann sich nicht mehr auf das Spiel konzentrieren, ist unruhig und macht sich Sorgen, wie sich der Konflikt entwickelt und ob er ihn angemessen begleiten kann. Für ihn ist es eine Stresssituation, für Simone nicht. Je nach innerer Bewertung hat die gleiche Ausgangslage unterschiedliche Auswirkungen. ■

Für Kinder gibt es mindestens drei wesentliche Stressoren, die potenzielle Belastungssituationen darstellen und sie in ihren Bewältigungsfähigkeiten herausfordern (vgl. Lohaus & Klein-Heßling, 2003): Entwicklungsaufgaben, kritische Lebensereignisse und alltägliche Belastungen.

Während der Kita-Zeit begleiten Fachkräfte die Kinder in der Bewältigung verschiedener Belastungen. Alle Kinder müssen Entwicklungsaufgaben bewältigen. Auch alltägliche Belastungen sind an der Tagesordnung. Dazu können noch kritische Lebensereignisse kommen wie der Verlust einer nahen Bezugsperson. Je mehr Belastungen sich im Leben eines Kindes häufen, desto stärker kann das subjektive Belastungserleben steigen. Wenn ein Kind aus der Kita-Gruppe beispielsweise gerade aufgrund der Scheidung der Eltern in eine andere Stadt gezogen ist, dadurch in eine unbekannte Kita geht, von fremden Personen umgeben ist und dort vielleicht alltägliche Belastungen auftreten wie Hänseleien unter Kindern, dann kann sich das Kind überfordert fühlen. Es hängt von der individuellen Bewältigungsfähigkeit, den Unterstützungsmöglichkeiten des Umfelds sowie der subjektiven Einschätzung ab, ob das Kind sich den jeweiligen Stressoren gewachsen sieht oder eben nicht. Auch Ereignisse, die Erwachsene möglicherweise als nicht besonders stressauslösend beurteilen, können für Kinder stark belastend sein. Stress kann sich bei Kindern auf verschiedenen Ebenen zeigen (vgl. Lohaus & Klein-Heßling, 2003):

- Physiologisch-vegetative Ebene: Bauch- und Kopfschmerzen, Ein- und Durchschlafstörungen, Erschöpfungszustände
- Kognitiv-emotionale Ebene: Beeinträchtigung kognitiver Leistungen, Lustlosigkeit, Antriebslosigkeit, Ängste
- Verhaltensbezogene Ebene: Änderungen im Sozialverhalten, körperliche Unruhe, Konzentrationsschwierigkeiten

STRESSOREN IM LEBEN VON KINDERN

Stressor	Erläuterung
Entwicklungsaufgaben	Entwicklungsaufgaben sind Aufgaben, die sich im Lauf der Entwicklung stellen. Deren Bewältigung führt zum Erwerb von Kompetenzen und Fertigkeiten, die zu einer konstruktiven Bewältigung des Lebens nötig sind. Für das Alter von 5–7 Jahren sind dies zum Beispiel die Identifikation mit der eigenen Geschlechtsrolle, die Kompetenz, einfache moralische Entscheidungen zu treffen, das Spiel in Gruppen und die Fähigkeit, konkrete Überlegungen anzustellen und Schlüsse daraus zu ziehen.
Kritische Lebensereignisse	Besonders herausfordernde Ereignisse (wie z. B. Scheidung der Eltern, Tod eines geliebten Menschen, Umzug in eine andere Stadt), die altersunabhängig auftreten können.
Alltägliche Belastungen	Alltägliche Streitigkeiten unter Freund:innen, Hänseleien unter Kindern, Konflikte mit Eltern und Geschwistern.

3. Strategien der Bewältigung

Fachkräfte unterstützen Kinder bei der Regulation ihrer Gefühle.

Um Stressoren zu bewältigen, setzen Kinder (wie Erwachsene auch) unterschiedliche Bewältigungsstrategien ein (Coping-Strategien). Dabei kann unterschieden werden zwischen einer Bewältigung, die sich auf das Problem fokussiert, und einer, die auf die Regulierung der eigenen Gefühle ausgelegt ist (ebd.). Problemfokussierte Stressbewältigung bedeutet: Das Kind versucht, das stressauslösende Ereignis direkt zu verändern oder zu kontrollieren. So sucht es beispielsweise ein klärendes Gespräch mit den Kindern, die an dem konkreten Konflikt beteiligt waren. Bei der emotionszentrierten Coping-Strategie versucht das Kind, seine eigenen physischen und psychischen Reaktionen zu kontrollieren und zu verändern (etwas anderes spielen, tief durchatmen, sich entspannen, rennen, hüpfen). Eine weitere Möglichkeit für Kinder, alltägliche Stresssituationen zu bewältigen, ist auch, sich Unterstützung aus dem sozialen Umfeld zu holen – beispielsweise eine Fachkraft um Hilfe zu bitten.

■ **Aus der Praxis:** Lenny (5 Jahre) streitet sich mit seinem gleichaltrigen Freund Markus um den roten Traktor. Markus hatte damit gespielt, den Traktor aber zur Seite gestellt, um den Heuwagen zu beladen. Als Lenny den roten Traktor nimmt, beschwert sich Markus. Lenny gibt Markus den Traktor zurück und sagt leise zu sich: „Ist ja nicht schlimm, ich nehme einfach den kleinen blauen Traktor, der geht auch.“ In diesem Fall hat Lenny emotionsfokussiert das Problem gelöst, indem er sich selbst beruhigend zuspricht und eine andere Lösung sucht. Problemfokussiert wäre die Lösung, wenn Lenny mit Markus besprochen hätte, wie sie sich den roten Traktor teilen könnten („Du lädst erst deinen Heuwagen und so lange kriege ich den roten Traktor, okay?“). ■

> Kinder benötigen ein vielfältiges Repertoire an Bewältigungsstrategien.

Pädagogische Fachkräfte können Kinder dabei unterstützen, die jeweils passende und Erfolg versprechende Bewältigungsstrategie auszuwählen: Handelt es sich um ein Problem, das ein Kind direkt beeinflussen kann, dann bietet sich eine problemfokussierte Bewältigungsstrategie an. Kann am Problem selbst nichts geändert werden, empfiehlt sich eine emotionsfokussierte Strategie. Wenn das Kind weder am Problem etwas ändern noch sich selbst regulieren kann, ist soziale Unterstützung und Co-Regulation notwendig. Hierzu bedarf es aufmerksamer und einfühlsamer Fachkräfte, die adäquat unterstützen und zu angemessenen Lösungswegen leiten.

Gemeinsam mit dem Kind kann die Fachkraft zunächst das Problem analysieren (was liegt vor?) und das Stress- und Überforderungserleben des Kindes bewusst wahrnehmen. Auf dieser Basis kann das Kind eine geeignete Bewältigungsstrategie auswählen. Günstig ist es, wenn Kinder ein möglichst breites Repertoire an Bewältigungsstrategien kennen und dabei unterstützt werden, diese situationsangemessen einzusetzen. Mit Bezug auf das obige Fallbeispiel könnte die pädagogische Fachkraft Lenny vorschlagen, sich ein anderes Fahrzeug zu suchen, einen Kompromiss zwischen den Jungen begleiten oder, falls nötig, die beiden bei der Regulation ihres Ärgers und der Verbalisierung ihrer Emotionen unterstützen, um von da aus eine einvernehmliche Lösung bzw. einen Kompromiss zu finden.

4. Das Zusammenspiel von Körper und Psyche

Gesundheit und Krankheit können als dynamischer Prozess und nicht als Zustand verstanden werden. Sie entstehen in vielfältigen Wechselwirkungen zwischen der jeweiligen Person und ihrer Umwelt (vgl. Binneböse et al.,

2022). Auf biologischer Ebene kann Gesundheit als körperliche Funktionsfähigkeit beschrieben werden. Diese Ebene kann (teilweise) von außen wahrgenommen werden. Biologische Bedingungen für das Aufwachsen eines Kindes können zum Beispiel sein: Vererbung, Erfahrungen der Mutter in der Schwangerschaft (zum Beispiel Stress, Ernährung, Ruhe) oder Faktoren vor, während und nach der Geburt. Auf psychologischer Ebene zeigt sich Gesundheit als Wohlbefinden und Vitalität, die Menschen individuell empfinden. Auf dieser psychischen Ebene machen Menschen Bindungserfahrungen, erleben und üben ihre Selbststeuerung und nehmen sich selbst wahr. Sie entwickeln ihre Fähigkeit zur Perspektivenübernahme, das Selbstwertgefühl und die Selbstwirksamkeitserwartungen, Problemlösefähigkeiten und Kompetenzen. All diese Faktoren bilden die Resilienzfaktoren.

Gesundheit beschränkt sich jedoch nicht auf die physische und psychische Ebene, sondern sie hängt auch von der Umwelt und der sozialen Eingebundenheit ab. Auf dieser Ebene bedeutet Gesundheit, sich an sozioökologische Bedingungen anzupassen. Dabei spielen die soziale Unterstützung sowie Möglichkeiten der Teilhabe eine große Rolle (vgl. Egger, 2005; Fröhlich-Gildhoff et al., 2020).

Geht es um die Gesundheit der Kinder und ihre Fähigkeit zur Resilienz, können alle drei Ebenen betrachtet werden. Auf welchen Ebenen hat ein Kind besonderen Unterstützungsbedarf? Folgende Fragen können pädagogische Fachkräfte sich selbst, ggf. auch Eltern und Kind, stellen:

Biologische Ebene
- Welche Faktoren wirkten in der Schwangerschaft auf das Kind ein?
- Wie ging es der Mutter während der Schwangerschaft?
- Wie lief die Geburt ab?
- Was war wichtig vor, während und nach der Geburt?
- Welche Krankheiten machte das Kind während der ersten Lebensjahre durch, bis es in die Kita kam?
- Wie stabil schätzen die Eltern die körperliche Gesundheit des Kindes ein?
- Kann sich das Kind gut aktivieren und motivieren?

Im Gleichgewicht von seelischer und körperlicher Gesundheit findet positive Entwicklung statt.

Psychologische Ebene
- Welche Bindungserfahrungen macht das Kind?
- Welche Erwartungen an die Bindungspersonen hat das Kind?
- Wie gut kann das Kind sich selbst regulieren?
- Gelingt es dem Kind, sich selbst mit seinen Gefühlen und Handlungsimpulsen wahrzunehmen?
- Nimmt das Kind seine Umgebung und Mitmenschen angemessen wahr?
- Kann das Kind die Perspektive von anderen Kindern und Erwachsenen einnehmen und sich in sie hineinversetzen?
- Hat das Kind ein positives Bild von sich selbst?
- Glaubt das Kind an sich selbst?
- Vertraut das Kind auf seine Fähigkeiten?
- Kann das Kind Probleme selbstständig lösen oder sich Hilfe von geeigneten Personen holen und annehmen?
- Welche Fähigkeiten und Kenntnisse spricht das Kind sich zu? Was kann es aus eigener Sicht gut?
- Was traut es sich selbst zu?

Ökologisch-soziale Ebene
- Welche Teilhabemöglichkeiten hat das Kind (und seine Familie)?
- Auf welches Netzwerk oder welche Netzwerke können Kind und Familie zurückgreifen, die unterstützen und auffangen?
- Wie gut sind Kind und Familie in die Nachbarschaft oder Gemeinde eingebunden?
- Welche Hilfestellen kann die Familie bei Bedarf ansteuern und in Anspruch nehmen?

Je nachdem, wie gut ein Kind und seine Familie auf den verschiedenen Ebenen aufgestellt sind, lassen sich Risiko- und Schutzfaktoren für eine gesunde Entwicklung von Kindern benennen. Auf diese wird im Folgenden näher eingegangen.

5. Risiko- und Schutzfaktorenkonzept

Risiko- und Schutzfaktoren spielen eine zentrale Rolle im Hinblick auf (psychisch) gesundes Aufwachsen von Kindern. Es gibt in der Biografie von Kindern Faktoren, die ein gesundes Aufwachsen entweder fördern oder minimieren. Dies sind Schutz- und Risikofaktoren. Sie finden sich sowohl bei den Kindern selbst, aber auch in der direkten familiären oder weiteren sozialen Umgebung. Häufig treten Risikofaktoren in Kombination miteinander auf und können die positive Entwicklung von Kindern hemmen, je nachdem, wie lange oder wie massiv sie einwirken (vgl. Schlack et al., 2009). Risikofaktoren sind Faktoren, die eine seelisch gesunde Entwicklung eines Kindes hemmen können, Schutzfaktoren können die seelisch gesunde Entwicklung eines Kindes erhöhen (vgl. Bengel et al., 2009; Holtmann & Schmidt, 2004; Wustmann Seiler, 2012). Es ist wichtig, dass pädagogische Fachkräfte in der Kita Bescheid wissen über Risiko- und Schutzfaktoren. Zum einen haben sie täglich durch das, was die Kinder mitbringen, mit unterschiedlichen Risiko- und Schutzfaktoren zu tun. Zum anderen ist die Kenntnis von Risiko- und Schutzfaktoren hilfreich, um die Kinder in ihrer Resilienz zu fördern. Deshalb wird im Folgenden eine Auswahl an Risiko- und Schutzfaktoren dargestellt (s. Tabelle S. 23/24). Die Risikofaktoren können in primäre und sekundäre Vulnerabilitätsfaktoren unterteilt werden, wobei Vulnerabilität Verletzlichkeit, Verwundbarkeit bedeutet. Primär bedingt sind diese Faktoren, wenn sie eher fest und unabänderlich sind (wie genetische Faktoren). Sekundär sind sie, wenn sie eher von der individuellen Disposition abhängen (zum Beispiel kognitive Fähigkeiten) oder in Wechselwirkung mit der Umwelt bedingt werden (wie die Bindungsorganisation).

Diese Tabelle (S. 23) ist keine Gegenüberstellung, sondern eine Auflistung einer Auswahl von Risiko- und Schutzfaktoren. Wichtig ist: Es ist nicht von vornherein festgelegt, in welche Kategorie ein Ereignis oder eine Gegebenheit im Leben eines Kindes einzuordnen ist und die Kategorie muss auch nicht immer gleich bleiben. Ein Schutzfaktor wie eine hohe Belastungstoleranz kann zu einem Risikofaktor werden, wenn dadurch zum Beispiel Ungerechtigkeiten oder Überforderungen ertragen werden, anstatt sich angemessen dagegen zu wehren. Auch führt das Vorhandensein eines Risikofaktors nicht zwangsläufig zu einer psychischen Störung. Entscheidend für die „Stärke" der Wirkung sind vielmehr verschiedene Faktoren wie das Alter oder der Entwicklungsstand des Kindes, die Intensität sowie die Dauer eines Risikofaktors. Auch kommt es darauf an, ob Risikofaktoren gehäuft auftreten und zu welchem Zeitpunkt im Leben des Kindes sie erstmals auftauchen – je jünger das Kind ist, desto höher ist die Wahrscheinlichkeit von Entwicklungsauffälligkeiten zu einem späteren Zeitpunkt. Nicht zuletzt spielt auch, wie oben bereits erwähnt, die subjektive Einschätzung der Belastung eine Rolle.

Resilienz bedeutet die Fähigkeit, Krisen und Risiken so zu bewältigen, dass eine seelisch gesunde Entwicklung trotzdem möglich ist. Resilienz kann sich demnach nur zeigen, wenn ein (aktuelles) Risiko vorliegt. Wenn ein Kind sich positiv entwickelt, ohne dass entsprechende Risikofaktoren für die kindliche Entwicklung auftreten, so kann nicht von Resilienz gesprochen werden, sondern von einer allgemein positiven Entwicklung. Erst durch bedrohliche Situationen oder Krisen zeigt sich Resilienz. Resilienz ist variabel, situationsspezifisch, multidimensional: Sie ist nicht in jedem Lebensalter gleich, ist nicht ererbt wie eine Haarfarbe, bedeutet nicht dauerhafte „Unverwundbarkeit", wie es in den Anfängen der Resilienzforschung vermutet wurde, sondern sie ist veränderbar. Es gibt Lebensphasen mit einer höheren seelischen Verwundbarkeit (Vulnerabilität) und solche, in denen ein Kind seelisch stabiler ist. Je nach Situation kann ein Kind mehr oder weniger Widerstandskraft zeigen. Resilienz lässt sich nicht von einem Lebensbereich auf andere übertragen (vgl. Wustmann Seiler, 2012). So zeigt das eine Kind zum Beispiel eher im sozialen Bereich Resilienz, ein anderes eher im emotionalen Bereich.

> Resilienz ist nicht konstant, sie bleibt immer veränderbar.

LITERATURTIPP

Um den aktuellen Ist-Stand von Resilienz in verschiedenen Einrichtungen wie Kindertageseinrichtungen, Horten und Schulen zu erfassen, konzipierte die Deutsche Kinder- und Jugendstiftung ein Analyse-Instrument (vgl. Deutsche Kinder- und Jugendstiftung, 2022). Auf dieses können Kitas zurückgreifen, wenn sie ihren aktuellen Resilienz-Ist-Stand einordnen möchten.

STRESSOREN IM LEBEN VON KINDERN

Risikofaktoren	Schutzfaktoren
Primäre Risikofaktoren (kindbezogen)	**Kindbezogene Schutzfaktoren**
Faktoren wie Komplikationen während der Schwangerschaft/Geburt, Frühgeburt, niedriges Geburtsgewicht, Erkrankungen des Säuglings	Positives Selbstkonzept/Selbstvertrauen/hohes Selbstwertgefühl/Selbst- und Fremdwahrnehmung
	Selbstregulation
Neuropsychologische Defizite wie kognitive Störungen	Aktive Bewältigungsstrategien
Übermäßiges oder vermindertes Aktivitäts- oder Anspannungsniveau	Selbstwirksamkeitsüberzeugungen
Genetische Faktoren	Hohe soziale Kompetenzen wie Empathie, Kooperationsfähigkeit, Kontaktfähigkeit, Verantwortungsübernahme, Humor
Chronische Erkrankungen (Asthma, Neurodermitis, Herzfehler ...)	Problemlösefähigkeiten Kreativität
Schwer zu handhabendes Temperament (mangelnde Impulskontrolle, hohe Ablenkbarkeit ...)	Einfach zu handhabendes Temperament (Flexibilität und Offenheit des Kindes, die soziale Unterstützung bei den Bezugspersonen hervorrufen)
	Hohe Belastungstoleranz
	Geringe Neigung zum Grübeln
Sekundäre Risikofaktoren (kindbezogen)	
Unsichere Bindungsorganisation	Sichere Bindungsorganisation
Geringe kognitive Fähigkeiten (niedriger Intelligenzquotient, Wahrnehmungsdefizite, Defizite in der sozial-kognitiven Informationsverarbeitung)	Kognitive/intellektuelle Fähigkeiten/(praktische) Intelligenz Lernbegeisterung
Regulationsstörungen, geringe Fähigkeiten zur Selbstregulation von Entspannung und Anspannung	Fähigkeiten zur Selbstregulation Geringe Aggressionsneigung
	Optimismus und Zuversicht Positive Lebenseinstellung
	Spiritualität
	Talente, besondere Begabungen, Interessen, Hobbys
Risikofaktoren (umgebungsbezogen)	**Soziale Schutzfaktoren (umgebungsbezogen im nahen sozialen Umfeld)**
Ungünstige Erziehungspraktiken (z. B. Inkonsequenz, Zurückweisung, elterliche Uneinigkeit bezüglich Erziehungsmethoden, körperliche Bestrafung, Desinteresse/Gleichgültigkeit ...)	Positives Erziehungsverhalten Mindestens eine warmherzige Bezugsperson mit einem möglichst autoritativen/positiven Erziehungsstil (Feinfühligkeit, Warmherzigkeit sowie Lenkung und Kontrolle/angemessene Regeln)
Niedriger sozioökonomischer Status	Hoher sozioökonomischer Status
Chronische Armut	Enge Geschwisterbeziehungen
Unzureichende, ungesunde Ernährung	Altersangemessene Verpflichtungen des Kindes im Haushalt

Kriminalität der Eltern oder ungünstige Wohnumgebung (z. B. hohe Kriminalitätsrate)	Familiäre Stabilität
Dauerhafte familiäre Streitigkeiten	Harmonische Paarbeziehung der Eltern
Dauerhafte Belastungen der Mutter während der Schwangerschaft	Zusammenhalt in der Familie
Trennung und Scheidung der Eltern	Strukturierter Tagesablauf Rituale
Wiederheirat eines Elternteils	
Alkohol-/Drogenmissbrauch der Eltern	
Obdachlosigkeit der Familie	
Niedriges Bildungsniveau der Eltern	Hohes Bildungsniveau der Eltern
Alleinerziehender Elternteil	
Häufige Umzüge, häufiger Wechsel der Institution	
Migrationshintergrund	
Soziale Isolation der Familie	
Verlust eines Geschwisters oder einer/eines engen Freundin/Freundes	
Mobbing/Ablehnung durch Gleichaltrige	Enge Freundschaften zu Gleichaltrigen
Außerfamiliäre Unterbringung	
Traumata	**Soziale Schutzfaktoren**
Gewalttaten (direkt/selbst erlebt wie körperliche Misshandlung, sexueller Missbrauch oder indirekt beobachtet wie Entführung, Raubüberfall)	Kompetente und fürsorgliche Erwachsene wie pädagogische Fachkräfte, Nachbar:innen, Lehrkräfte, die positive Rollenmodelle darstellen
	Akteur:innen im Sozialraum
	Hohe soziale Unterstützung
Tod eines oder beider Elternteile	Effektive Institutionen mit klaren, transparenten Regeln und Strukturen, die positive Anstrengungen verstärken und eine gute Erziehungs- und Bildungspartnerschaft mit Bezugspersonen pflegen
Erleben von Terror/Krieg/Katastrophen (Naturkatastrophen wie Erdbeben, Vulkanausbruch, Hochwasser; schwere Unfälle, Verfolgung, Gewalt)	Vorhandene Ressourcen auf kommunaler Ebene wie Möglichkeiten der Familienbildung, Beratungsstellen usw.

(eigene Darstellung nach Bengel et al., 2009; Fritz et al., 2018; Masten, 2016; Rönnau-Böse, 2013; Sarimski & Papoušek, 2000; Scheithauer et al., 2000).

6. Resilienzfaktoren

Auf Ebene der personalen Schutzfaktoren von Kindern lassen sich aus Studien sechs übergeordnete Faktoren ziehen, die in der Person des Kindes liegen und die wesentliche Kompetenzen bei der Bewältigung kritischer Situationen und Herausforderungen darstellen (vgl. Rönnau-Böse, 2013). Die Resilienzfaktoren sind

1. Selbst- und Fremdwahrnehmung
2. Selbstregulation
3. Selbstwirksamkeit
4. Soziale Kompetenz
5. Problemlösefähigkeit
6. Aktive Bewältigungskompetenz

Die sechs Resilienzfaktoren stellen einen wesentlichen Ansatzpunkt in der alltagsintegrierten Resilienzförderung dar und werden im weiteren Verlauf noch näher beleuchtet.

Grundsätzlich geht es darum, Kinder in ihren Kompetenzen zu unterstützen, damit sie gewappnet sind, Krisen angemessen zu bewältigen. Wenn es im Entwicklungsprozess gelingt, Herausforderungen zu meistern, können laut Masten (2016) Entwicklungskaskaden oder Kompetenzkaskaden entstehen, die auf weitere Bereiche übergreifen und die Zukunft eines Kindes positiv beeinflussen können. So zeigten sich Menschen im Erwachsenenalter beruflich kompetent, wenn sie in der Kindheit über positive schulische Leistungen und soziale Kompetenzen verfügten. Selbst auf das Gelingen von Liebesbeziehungen können diese Kompetenzen der Kindheit einen Einfluss haben (ebd.).

Kompetenzen sind erlernbar. Sie sind sowohl auf kognitiver Ebene angesiedelt als auch auf der Ebene von Fertigkeiten, also auf der Handlungsebene. Kompetenzen dienen der konkreten Problemlösung oder -bewältigung. Um Probleme adäquat lösen zu können, benötigt ein Kind die nötige Motivation, um das Problem anzugehen, den Willen, an der Lösung des Problems dranzubleiben sowie die entsprechenden Fähigkeiten auf sozialer Ebene, um in problematischen Situationen erfolgreich handeln zu können. Steht beispielsweise ein Kind kurz vor dem Ende seiner Kindergartenzeit und weiß es, dass es bald in die Schule kommen wird, dann könnte es diesen Übergang als Problem wahrnehmen. Hat das Kind bereits Kompetenzen erworben, dann könnte es sich vornehmen, das Problem anzugehen (Motivation), es könnte sich überlegen, wen es um Hilfe bitten könnte und welche Problemlösungen es gäbe (Kognition und soziale Ebene), und es könnte seine Eltern ansprechen, dass es Hilfe braucht und Sorgen hat vor dem Übergang in die Schule.

Selbst aktiv und selbstwirksam – so lernen Kinder.

III

Resilienz und kindliche Entwicklung

Im Alter von drei bis sechs Jahren vollziehen sich zahlreiche bedeutsame Entwicklungsschritte. Dabei gibt es einige Entwicklungsbereiche, die für Resilienz und Resilienzförderung besonders relevant sind.

1. Entwicklung der Resilienzfaktoren

Wenn es darum geht, die Resilienz der Kinder im Alltag zu fördern, bieten insbesondere die Resilienzfaktoren mögliche Ansatzpunkte, die im nächsten Kapitel gesondert und detailliert beschrieben werden. Hier soll es zunächst darum gehen, die einzelnen Faktoren im Hinblick auf die Entwicklung von Kindern im Kita-Alter zu betrachten, um zu erkunden, welche Kompetenzen von Kindern im Alter von drei bis sechs Jahren zu erwarten sind.

Es wird im Folgenden nur ausschnittsartig auf die Entwicklung von Kindern eingegangen, insbesondere mit Blick auf die Resilienz und Resilienzförderung. Vertiefend nachzulesen sind die folgenden Ausführungen zum Beispiel bei Kienbaum et al., 2019; Lohaus & Vierhaus, 2015; Schneider & Lindenberger, 2012; Siegler et al., 2016.

LITERATURTIPP

Um als pädagogische Fachkräfte die Bindungssicherheit von Kindern im Alter zwischen 1,5 und 4,5 Jahren einschätzen zu können, bietet sich der EiBiS-Bogen (Einschätzung der Bindungssicherheit von Kindern) an (vgl. Fröhlich-Gildhoff & Hohagen, 2020). Dieser wurde eigens zur Einschätzung der Bindungssicherheit von Kindern durch pädagogische Fachkräfte erarbeitet und entstand in regem Austausch zwischen Wissenschaft und Praxis.

2. Bindung und Beziehung

Bindungen sind dauerhafte und enge emotionale Beziehungen von Kindern zu ihren wesentlichen Bezugspersonen. Kinder kommen, mit einem Bindungsverhaltenssystem ausgestattet, auf die Welt. Sie möchten sich an kompetente andere (Bezugspersonen) binden. Dabei bilden sich im Lauf der frühen Kindheit innere Arbeitsmodelle von Bindung aus. Kinder entwickeln Erwartungen, wie die Umwelt auf ihre Bedürfnisse (nach Bindung und Zuwendung) reagieren wird, ob feinfühlig und bedürfnisadäquat oder ablehnend. Das innere Arbeitsmodell von Bindung entsteht in Wechselwirkung zwischen dem Kind und seiner Umwelt. Eine sichere Bindung erwirbt das Kind, wenn es vertrauensvolle und feinfühlige Erwachsene erlebt, die ihm ein wertschätzendes, feinfühliges, unterstützendes Beziehungsangebot machen, es verlässlich begleiten und ihm Sicherheit vermitteln. Wenn die Bezugsperson ausstrahlt „Ich bin für dich da, du kannst dich auf mich verlassen", bildet sich im Kind ein Bild von sich aus „Ich bin liebenswert und werde geschätzt".

Wenn das Bindungsbedürfnis des Kindes gestillt ist und es sich sicher und geborgen fühlt, dann kann es seine Umgebung erkunden, das Explorationssystem ist aktiv. In diesem Zustand kann sich das Kind für seine Umwelt interessieren, sich auf seine Umgebung einlassen, ungehindert explorieren und so Neues erfahren und lernen.

Aus Studien von Ahnert und ihrer Forschungsgruppe (2013) lässt sich ableiten, dass pädagogische Fachkräfte zu einer gelingenden Entwicklung von Kindern beitragen und sogar schwierige Bedingungen in der Herkunftsfamilie teilweise kompensieren können. So hat sich gezeigt, dass Kinder in der Grundschule eine höhere Motivation und bessere soziale Kompetenzen aufwiesen, wenn sie zuvor mit Eltern und Kita positive Beziehungserfahrungen gemacht hatten (Kölch et al., 2022). Zudem wirken sich positive Beziehungen zu pädagogischen Fachkräften günstig auf die psychische Gesundheit von Kindern aus (vgl. ebd.).

3. Selbstwahrnehmung, Selbstkonzept und Selbstwert

Das Selbst kann als ein System verschiedener Konzepte verstanden werden, das aus Einstellungen und Gedanken zu sich selbst besteht (vgl. Siegler et al., 2016). Die Selbstwahrnehmung ist die Wahrnehmung eigener Emotionen, Gedanken und Handlungsimpulse. Das Selbstkonzept ist eine Art gedankliches Bild, das Menschen von sich selbst haben und das aus dem Wissen über die eigene Person besteht (sich selbst zugeschriebene Eigenschaften, Fähigkeiten, Neigungen, Interessen und typische Verhaltensweisen). Das Selbstkonzept besteht im Kita-Alter aus noch recht konkreten und beobachtbaren Aspekten wie Aktivitäten („Ich baue gerne mit der Holzeisenbahn"), physischen Eigenschaften („Ich habe schwarze Haare"), sozialen Eigenschaften („Ich habe eine jüngere Schwester") und psychischen Eigenschaften („Ich kann mich gut selbst beruhigen"; vgl. Lohaus & Vierhaus, 2015).

Der Selbstwert bildet sich aus den Zuschreibungen, die die Umwelt über die Person des Kindes äußert. Erfährt sich ein Kind in den Beschreibungen der Bezugspersonen als wertgeschätzte Person, der positive Eigenschaften zugeschrieben werden, dann entwickelt sich ein positives Selbstwertgefühl. Menschen mit einem hohen Selbstwertgefühl sind eher zufrieden mit ihrem Leben, fühlen sich eher wohl in ihrer Haut und sind eher hoffnungsvoll und optimistisch (vgl. Siegler et al., 2016).

Ein stabiles Selbstwertgefühl bilden Kinder erst in der späteren Kindheit aus. Während der Selbstwert von Grundschulkindern aufgrund sozialer Vergleiche mit anderen eher abnimmt, haben Kinder im Kita-Alter meist ein positives Selbstkonzept. Zwar begünstigen Lob und Anerkennung persönlicher Eigenschaften von Kindern ein positives Selbstbild, allerdings sollte Lob dosiert und nicht nach dem „Gießkannen-Prinzip" erfolgen. Außerdem sollte es klar einen bestimmten Prozess oder eine Anstrengung zum Erreichen einer Leistung benennen.

■ **Aus der Praxis:** Die 4-jährige Layla hat es nach vielen vergeblichen Versuchen geschafft, auf das Dach des kleinen Spielhauses im Sandkasten zu klettern. Fachkraft Sandra hat sie dabei beobachtet. „Toll, dass du nicht aufgegeben hast, Layla", sagt sie. „Ich habe gesehen, wie du es immer wieder versucht hast. Am Ende bist du auf den Trick gekommen, deinen Fuß am Fenster abzustützen. So hat es endlich geklappt!" Mit dieser Rückmeldung betont Sandra die Anstrengung und den Prozess des Mädchens, nicht die am Ende erreichte Leistung. Layla erfährt so, dass sich ihr Einsatz lohnt, und erlebt sich als selbstwirksam. ■

4. Selbstregulation

Kinder im Kita-Alter sind zu einer großen Bandbreite an Emotionen fähig. Sie empfinden Basisemotionen wie Freude, Ärger, Furcht, Unbehagen. Auch selbst-bewusste Emotionen wie Verlegenheit, Scham, Stolz, Schuld und Eifersucht bilden sich ab dem zweiten Lebensjahr spezifischer aus. Voraussetzung für diese Emotionen ist ein Bewusstsein seiner selbst. Kinder erkennen sich allmählich als Person an, die von ihrer Umwelt getrennt ist. Ab diesem Alter entwickeln Kinder auch ein Bewusstsein für Regeln und Normen des jeweiligen Kulturkreises, in dem sie leben. Je nach Temperament und Sozialisation fällt es Kindern leichter oder schwerer, ihre eigenen Emotionen zu regulieren. Sie benötigen dafür unter anderem die Ko-Regulation durch ihre Umgebung.

Sich seiner Emotionen bewusst werden

Bei der Regulation der Emotionen laufen komplexe Prozesse ab: Innere Gefühlszustände müssen wahrgenommen und erkannt werden. Gedanken, die aus den Gefühlen entstehen – zum Beispiel Wünsche oder die Deutung der Situation – müssen eingeordnet und körperliche Reaktionen eventuell gehemmt werden (zum Beispiel eine hohe Pulsfrequenz). Schließlich muss das eigene Verhalten gesteuert werden (die Mimik und die eigenen Handlungen betreffend). Dieser Prozess entwickelt sich mit zunehmendem Alter, wobei Reifungsprozesse im Gehirn ebenso eine Rolle spielen wie die Fähigkeit, eigene Aufmerksamkeitszustände immer besser zu steuern (vgl.ebd.).

Ab dem Kita-Alter erwerben Kinder allmählich die Fähigkeit, ihre Emotionen immer besser selbst zu regulieren. Kinder im Vorschulalter sind meist in der Lage, ihre Emotionen ohne externe Hilfe der Bezugspersonen zu regulieren. So können Kinder sich bei Wut oder Ärger zunehmend selbst beruhigen und sich dadurch auch besser der Erreichung von Zielen widmen.

■ **Aus der Praxis:** Der 5-jährige Mattis baut an einem Turm aus vielen schmalen Holzbausteinen. Als das Bauwerk bereits eine beachtliche Höhe hat, stößt der etwas jüngere Theo dagegen. „Manno, kannst du nicht aufpassen?", ruft Mattis ärgerlich. Theo ist sichtlich erschrocken und beginnt zu weinen. Mattis atmet tief durch und sagt dann: „Ist jetzt egal, du kannst mir helfen, den Turm wieder aufzubauen." Mattis konnte seinen Ärger regulieren, um sein Ziel – den Wiederaufbau – mit Theos Hilfe zu erreichen. ■

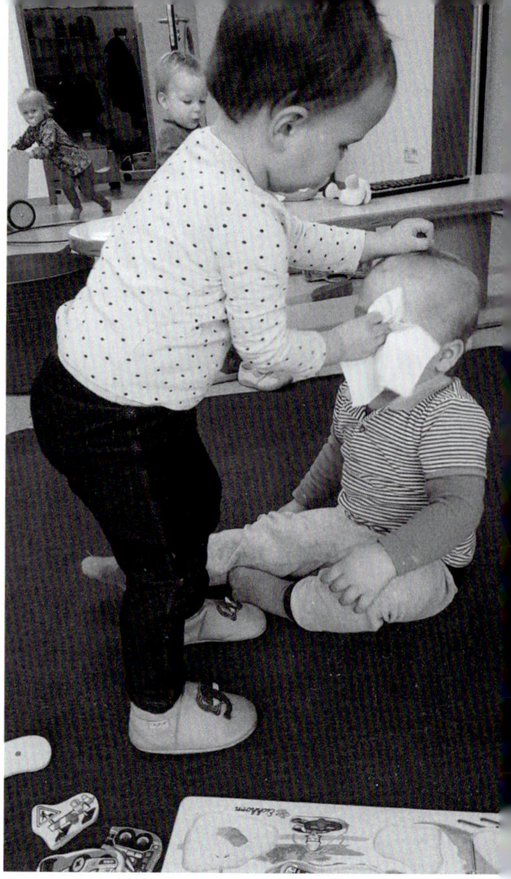

Schon junge Kinder zeigen den Impuls, anderen zu helfen.

Die eigenen Emotionen zu regulieren, sich selbst motivieren zu können, Frustrationen auszuhalten, eigene Impulse zu kontrollieren, Gefühle anderer ebenso wie eigene Gefühle zu erkennen, sich in andere hineinzuversetzen sowie Gefühle der Situation angemessen zum Ausdruck zu bringen – all das wird als emotionale Intelligenz bezeichnet. Diese hat entscheidenden Einfluss darauf, wie gut Kinder und Menschen in ihrem Sozialleben zurechtkommen (vgl. ebd).

Wenn Kinder in der Lage sind, ihre Emotionen zu regulieren, können sie zum einen den Ausdruck ihrer Gefühle kontrollieren, zum anderen gelingt es ihnen aber auch zunehmend, mit dem Gefühl an sich umzugehen. So können sich Kinder gezielt einer anderen Tätigkeit zuwenden oder sich an einen ruhigen Ort zurückziehen, um sich zu beruhigen. Mit der Entwicklung der sprachlichen und kognitiven Fähigkeiten wächst auch die Kompetenz, die eigenen Emotionen zu kontrollieren. Damit wächst das Emotionswissen von Kindern, ihr Emotionsausdruck verfeinert sich – vorausgesetzt, sie haben Erwachsene um sich, die ihnen als positive Rollenmodelle dienen.

Kinder brauchen Gefühlsvorbilder

Damit Kinder die angemessene Regulation ihrer Emotionen erlernen, benötigen sie Bezugspersonen, die in der Lage sind, ihre Emotionen zu spiegeln und in Worte zu fassen. Fachkräfte können Vorbild für gelingende Emotionsregulation sein, indem sie ihre Gefühle zum Ausdruck bringen und dies auch bei Kindern respektieren und tolerieren. Sie verwenden vielfältige Begriffe für die unterschiedlichen Emotionen, erweitern so das Emotionsvokabular und helfen dabei, eigene Emotionen zu regulieren (Ko-Regulation), wenn das Kind Unterstützung dabei benötigt.

> Kinder entwickeln Mitgefühl, wenn sie selbst mitfühlend behandelt werden.

Wie gut Kinder ihre Emotionsregulation, aber auch ihr Selbstwertgefühl entwickeln können, hängt zum Teil auch davon ab, wie gut das Temperament eines Kindes zu den Erwartungen oder Verhaltensweisen seiner Umwelt passt (vgl. Lohaus & Vierhaus, 2015). Diese Übereinstimmung wird als Anpassungsgüte bezeichnet. So zeigte sich beispielsweise, dass Kinder mit einem eher impulsiven und wenig selbstregulierten Verhalten mehr Verhaltensschwierigkeiten entwickelten, wenn ihre primären Bezugspersonen sich abweisend oder vernachlässigend verhielten (vgl. Siegler et al., 2016).

FREMDWAHRNEHMUNG

Die Fähigkeit zur Fremdwahrnehmung bedeutet, Signale und Verhaltensweisen anderer Personen wahrzunehmen und adäquat zu verstehen. Soziale Kompetenz umfasst die Fähigkeit, positive Beziehungen zu anderen Menschen eingehen und zugleich eigene Ziele in sozialen Situationen erreichen zu können.

5. Fremdwahrnehmung und soziale Kompetenz

Kinder im Kita-Alter sind bereits dazu in der Lage, anderen zuzuhören, ihre Anliegen verständlich auszudrücken, ihre Meinungen und Wünsche zu formulieren. Mit etwa vier Jahren können sie unmoralische Handlungen (wenn etwas ungerecht verteilt oder gelogen wird) und Regelverletzungen erkennen (wenn jemand sich nicht an die Tischsitten und Gebräuche hält). Prosoziales Verhalten wie Hilfsbereitschaft, Empathie, Mitgefühl wird in unterschiedlichem Maß gezeigt. Wenn Kinder über ein hohes Selbstwertgefühl verfügen und sich gut selbst behaupten können, zeigen sie mit größerer Wahrscheinlichkeit prosoziales Verhalten. Empathie und Mitgefühl zeigen zu können, sind soziale Kompetenzen, die Kinder bereits recht früh aufweisen – diskutiert wird, ob sich Mitgefühl bereits im ersten oder erst im zweiten Lebensjahr zeigt (vgl. Kienbaum et al., 2019). Im Lauf des zweiten Lebensjahres zeigen Kinder sogenanntes echtes empathisches Unbehagen: Sie entwickeln ein Verständnis dafür, dass sich die Gefühle des Gegenübers von ihren eigenen unterscheiden und nicht in ihnen selbst entstanden sind (ebd.).

Mitgefühl, Hilfsbereitschaft und die Fähigkeit, andere Kinder zu trösten, entwickeln sich besonders, wenn Kinder Wärme und Unterstützung ihrer Umgebung erfahren und selbst diese Qualitäten erleben, wenn sie sich ängstigen, schämen oder Trost benötigen. Verhält sich ein Kind wenig empathisch einem anderen gegenüber, nimmt ihm etwas weg oder tut ihm weh, dann ist es nicht sinnvoll oder gar pädagogisch empfehlenswert, das Kind zu bestrafen. Fachkräfte können vielmehr dem Kind die Gefühle oder Gedanken des

DIE ENTWICKLUNG DES SOZIALVERHALTENS

Hay (1994) stellte fest, dass es bei Kindern im Alter von zwei Jahren einen Rückgang der Hilfsbereitschaft gibt. Während davor hilfreiches Verhalten häufig unmittelbar als sozialer Impuls gezeigt wurde, beginnen Kinder ab ungefähr 2 Jahren, sich bewusster zu überlegen und zu entscheiden, ob sie helfen oder nicht. Kinder im Kita-Alter boten ihre Hilfe eher jenen anderen Kindern an, die einen großen Schaden erlitten hatten, nicht selbst schuld waren, jüngeren Alters und mit dem Kind bekannt waren oder dem Kind auch schon einmal geholfen hatten (vgl. Kienbaum et al., 2019).

geschädigten Kindes bewusst machen (verbalisieren) und gemeinsam eine Form der Wiedergutmachung überlegen. So gewinnt das Kind zum einen ein Verständnis der emotionalen Lage seines Gegenübers und zugleich eine Richtung für das eigene Verhalten in der Zukunft.

Andere verstehen lernen

Ab dem vierten Lebensjahr erwerben Kinder eine wesentliche Fähigkeit zum Verständnis anderer Personen: die Theory of Mind (Theorie des Geistes). Diese bezeichnet die Fähigkeit, sich in andere hineinzuversetzen, und die Fähigkeit, Absichten, Gedanken und Wahrnehmungen anderer Menschen zu verstehen (vgl. Premack & Woodruff, 1978, nach Förstl, 2012). Die Theory of Mind ist ein wichtiger Entwicklungsschritt im sozialen Erleben und Handeln von Kindern. Sie erlaubt es, die mentalen Zustände der anderen zu erfassen und darüber nachzudenken (vgl. Böckler-Raettig, 2019). Empathie ist demgegenüber das unmittelbare Einfühlungsvermögen in den emotionalen Zustand einer anderen Person.

Eine Möglichkeit, Kinder in ihrem Verständnis für andere zu fördern, sind beispielsweise erzählte Geschichten, in denen Wünsche, Absichten oder Überzeugungen wichtig sind. Auch können Fachkräfte Kinder ermuntern, Sätze mit Worten, die Wünsche, Absichten oder Überzeugungen beinhalten, zu formulieren („Hast du heute Trauben mitgebracht? Ich glaube, die Trauben sind lecker. Erzähl doch mal, wie sie dir schmecken, wenn du sie probiert hast“).

Eine weitere kognitive Fähigkeit, die Kita-Kinder im Laufe ihrer Entwicklung erlernen, ist das Mentalisieren. Damit ist die Kompetenz gemeint, „sich mentale Gründe des eigenen Verhaltens und des Verhaltens anderer vorstellen zu können“ (Taubner et al., 2019, S. 4). Kindern gelingt es mit der Zeit, sich selbst und andere bewusst(er) wahrzunehmen und zu erleben (ebd.). Prägend in der Entwicklung der Mentalisierungsfähigkeit sind die primären Bezugspersonen, die ihrem Kind von Beginn an eigene Intentionen (Absichten) zuschreiben. Kinder brauchen also Personen, zu denen sie eine enge Bindung haben und die gemeinsam mit ihnen in einen Austausch über ihre eigenen Erfahrungen und Erlebnisse sowie die Erfahrungen und Erlebnisse der Menschen ihrer Umwelt und deren jeweilige Beweggründe gehen (zum Beispiel beim Spaziergang mit dem Kind an der Hand, wenn das Kind stehen bleibt und nicht weitergeht: „Du bleibst so plötzlich stehen. Hast du etwas entdeckt, das dich interessiert? Oder was ist los? – Ach so, jetzt sehe ich es: Da kriecht eine Schnecke vor deinen Füßen über den Weg. Die möchtest du anschauen! Dann warten wir kurz.“

■ **Aus der Praxis:** Mitten im Trubel einer Geburtstagsfeier hat sich der 4-jährige Enrico ein Bilderbuch genommen und sich in die Kuschelecke zurückgezogen. Nach einigen Minuten kommt er zurück zu der Kindergruppe. Fachkraft Sebastian spricht ihn an: „Na, Enrico, war es dir gerade zu trubelig? Hast du dich zurückgezogen, um ein bisschen deine Ruhe zu haben? So geht es mir auch manchmal. Dann ist es mir zu laut und zu viel und ich möchte kurz alleine sein. Danach habe ich dann wieder mehr Energie.“

Sebastian äußert nicht nur Verständnis für Enrico, sondern bietet auch eine mögliche Erklärung für dessen Verhalten an. Außerdem stellt er den Bezug zu sich selbst her und initiiert einen Austausch über eigene Gefühle und Bedürfnisse. ■

6. Selbstwirksamkeit und kognitive Entwicklung

Selbstwirksamkeit ist das Vertrauen, durch eigene Kompetenzen schwierige Situationen oder Anforderungen bewältigen zu können (vgl. Schwarzer & Jerusalem, 2002). Durch diese Einschätzung der eigenen Kompetenzen wird das Handeln eines Kindes in jeder Situation geprägt. Menschen mit hoher Selbstwirksamkeitserwartung zeigen ein größeres Bemühen und höheres Durchhaltevermögen als Personen mit geringer Selbstwirksamkeitserwartung (vgl. Greve & Etzold, 2018).

> Bewegungserfahrungen schaffen ein Gefühl der Selbstwirksamkeit.

Besonders im Bereich der Motorik bieten sich unzählige Gelegenheiten, bei denen Kinder sich als selbstwirksam erleben können. Kinder zwischen 3 und 6 Jahren erwerben immer komplexere Bewegungsabläufe: Aufgrund ihrer Bewegungsfreude sind sie auf vielfältige Arten aktiv und entwickeln so ihre grobmotorischen Fähigkeiten. Sie gehen, hüpfen, klettern, springen und rennen. Wichtig ist es, dass Kinder Raum für selbst gestaltete Bewegungserlebnisse haben: Sie steigen auf Bäume, stapeln Stühle und klettern darauf, sie probieren ihre Geschicklichkeit aus und erleben sich so als selbstwirksam. Zugleich entwickeln sie ihre Problemlösefähigkeiten. Gemeinsam oder alleine überlegen sie, wie sie den Stuhl noch stapeln könnten, damit sie höher klettern können.

Auch im Bereich der Feinmotorik erwerben Kinder im Kita-Alter vielfältige Kompetenzen, ob in der Werkstatt, im Farbatelier, beim Schrauben und Hämmern mit Werkzeugen oder beim Nähen und Weben. Wenn Fachkräfte eine anregungsreiche Umgebung für grob- und feinmotorische Aktivitäten gestalten, ist es zentral, dass sie diese Selbstwirksamkeit allen Kindern ermöglichen und ihnen alles zutrauen – nur so kann Geschlechtergerechtigkeit stattfinden.

Andere Perspektiven erfahren können

Im Bereich der kognitiven Entwicklung zeigt sich ein starker Entwicklungssprung im Alter von ungefähr 4 Jahren. Kinder erwerben die Fähigkeit zur kognitiven Perspektivenübernahme, wodurch sie in der Lage sind, die Perspektive einer anderen Person einzunehmen. Dadurch verstehen Kinder, dass ihre eigene Sicht auf die Welt sich von der Sicht anderer Personen unterscheiden kann. Parallel dazu entwickelt sich die Fähigkeit zur emotionalen Perspektivenübernahme. Kinder können verstehen, wie sich eine andere Person gerade in diesem Moment fühlt. Diese Fähigkeit geht über Empathie hinaus, da Kinder nun allmählich in der Lage sind, sich die Gefühlslage des Gegenübers gedanklich zu erschließen.

Kinder erwerben auf kognitiver Ebene spezifisches Detailwissen und sollten darin die Wertschätzung ihrer Umgebung erfahren: Ein Kind baut mit Begeisterung großartige Papierflieger, ein anderes weiß bestens Bescheid über landwirtschaftliche Fahrzeuge, wieder ein anderes kann viele Hintergrundinformationen zu Säugetieren berichten oder fantasievolle Geschichten erfinden. Hier bieten sich zahlreiche Gesprächsmöglichkeiten und Gelegenheiten für (kleine oder größere) Projekte, die verschiedene Interessengebiete zusammenführen können. So werden Selbstwirksamkeit und Selbstwertgefühl der Kinder gestärkt.

Allmählich wachsen Kinder im Kita-Alter in die Fähigkeit hinein, Wenn-dann-Schlussfolgerungen zu bilden. Um Probleme zu lösen, nutzen sie zunehmend ihre sprachlichen Fähigkeiten – zum einen, um sich untereinander zu verständigen, aber auch, um mögliche Lösungswege laut denkend sprachlich zu planen (vgl. Siegler et al., 2016). Fachkräfte können Schlussfolgerungen und gelingende, selbst gefundene Problemlösungen mit der Methode des Sustained Shared Thinking unterstützen. Gemeinsam mit den Kindern gehen Fachkräfte in den dialogischen Austausch, stoßen Aushandlungsprozesse an und nutzen bestimmte Frageformen, die Kinder dazu anregen, selbst zu denken und eigenständige Lösungen zu finden. Hierzu bedarf es einer pädagogischen Grundhaltung, die sich offen gegenüber den Denkwegen der Kinder zeigt und potenzielle, auch kreative und ungewöhnliche Lösungen nicht vorschnell abweist.

Geeignete Frageformen sind insbesondere offene und dialogische Fragen, die zum Weiterdenken anregen und gemeinsame Denkprozesse ermöglichen. Diese könnten sein:

- Wie hast du es geschafft, das Problem zu lösen?
- Wie bist du vorgegangen?
- Was hast du dir dabei überlegt?
- War es schwierig?
- Womit hast du angefangen?
- Und was hast du danach gemacht?
- Kannst du es mir mal zeigen, wie du das hinbekommen hast?
- Wie hast du rausgefunden, was funktioniert?
- Woher kennst du das?
- Ich überlege gerade, wie es noch gehen könnte. Hast du eine Idee?
- Ich habe das noch nicht verstanden. Kannst du es mir erklären?

Um beim Lösen von Problemen erfolgreich zu sein, empfiehlt es sich, eine Handlung vorab zu planen und die zur Verfügung stehenden Informationen in Ruhe abzuwägen. Jungen Kindern fällt dies oft noch schwer, weil sie Handlungen eher direkt umsetzen und dazu neigen, eigene Fähigkeiten zu überschätzen. Das Erlernen effektiver Problemlöseprozesse zieht sich bis in die späte Kindheit (ebd.). Nichtsdestotrotz nutzen Kinder beim Lösen von Problemen unterschiedliche Strategien und verbessern diese Strategien mit zunehmendem Alter, indem sie sorgfältiger planen und je nach Problem bessere Strategien auswählen und ausführen.

Die entwicklungspsychologischen Grundlagen, die in diesem Kapitel geschildert wurden, sind die Basis und der Ausgangspunkt für gelingende Resilienzförderung. Das folgende Kapitel wendet sich nun der alltagsintegrierten Förderung von Resilienz in der pädagogischen Praxis zu.

Wie passt der Helm auf meinen Kopf? Kinder trainieren ihre Problemlösekompetenzen, indem sie selbst tätig werden dürfen.

IV

Resilienz im pädagogischen Alltag fördern

Wie kann in der Kita die seelische Stärke von Kindern gefördert werden? In einer Welt der Unsicherheiten und Ungewissheiten brauchen sie diese dringend. Pädagogische Fachkräfte benötigen also das Wissen und Können, um Kinder entsprechend zu fördern.

1. Wege der Förderung

Es gibt unterschiedliche Wege, um in der Kita die psychische Widerstandskraft von Kindern zu fördern: zum einen mittels Programmen, zum anderen mittels alltagsintegrierter Vorgehensweisen. Genau genommen ist die alltagsintegrierte Förderung von Resilienz eine Förderung einer allgemein (seelisch) gesunden Entwicklung, solange keine Risikosituation vorliegt. Die geförderten Kompetenzen werden sowohl im Alltag zur Bewältigung alltäglicher herausfordernder Situationen benötigt als auch in Krisensituationen als Resilienz aktiviert. Verschiedene Autor:innen plädieren dafür, Resilienz sowohl mittels Programmen als auch alltagsintegriert zu fördern und somit diese beiden Vorgehensweisen zu kombinieren (vgl. Rönnau-Böse & Fröhlich-Gildhoff, 2015). Jede Kita sollte jedoch individuell prüfen, was realistisch leistbar ist.

Entscheidet sich die Kita für eines der vorhandenen Programme, sollte sichergestellt werden, dass nicht parallel noch weitere Themen in der Entwicklung anstehen, sonst wäre dies eine Überforderung der Beteiligten. Beispielsweise sollte nicht gleichzeitig die Resilienzförderung implementiert und an der Erstellung eines Schutzkonzeptes gearbeitet werden, sondern die Kräfte sollten auf ein Vorhaben gebündelt werden.

2. Förderung mittels Programmen

Es existiert eine Vielzahl an Programmen, von denen sich manche explizit der Förderung von Lebenskompetenzen oder Resilienz zuordnen lassen, während andere eher die Förderung einzelner Kompetenzen wie soziale Kompetenz oder Problemlösekompetenzen fokussieren. Diese Programme wurden in der Regel jeweils für bestimmte Alterszielgruppen entwickelt: für das Kita-Alter, das Grundschulalter oder das Sekundarstufenalter. Mit Bezug auf Kita-Kinder zwischen 3 und 6 Jahren werden im Folgenden einige ausgewählte Programme vorgestellt. Dabei haben die meisten dieser Programme einen grundsätzlich ähnlichen Ablauf: Ein oder zwei Pädagog:innen führen eine gewisse Anzahl an Trainingseinheiten mit den Kindern durch. Diese werden jeweils gerahmt von einem wiederkehrenden Anfangs- und einem Abschiedsritual. Im weiteren Verlauf wird in der Regel zwischen Beginn und Ende der Fokus auf spezifische Fähigkeiten gerichtet, die mittels altersgerechten Spielen und Übungen gefördert werden sollen. Viele dieser Programme wurden wissenschaftlich evaluiert, jedoch teilweise mit unterschiedlicher Evidenz.

Jede Kita muss sich zunächst fragen, ob die Durchführung eines der Programme zu leisten ist. Dabei ist es vorab sinnvoll, sich einen Überblick über vorhandene Programme zu verschaffen. Wenn die Entscheidung für ein bestimmtes Programm gefallen ist, so sollten einige Personen bestimmt werden, die sich vertieft in die Durchführung des Programms einarbeiten – entweder durch Teilnahme an einer entsprechenden Weiterbildung oder durch intensives eigenständiges Einarbeiten. Damit das Team sich einig ist, das Programm gemeinsam dauerhaft umzusetzen, sollte die grundsätzliche Zustimmung aller Beteiligten eingeholt werden – konsequenterweise bestenfalls von Trägern, Leitung, Eltern, pädagogischen Fachkräften und Kindern.

Natürlich wäre es wünschenswert, wenn das Programm genau so durchgeführt wird, wie es von den jeweiligen Autor:innen konzipiert und geplant wurde. In der Realität ist dies angesichts des bestehenden Fachkräftemangels und sonstiger vielfältiger Aufgaben einer Einrichtung nicht immer möglich. Deshalb könnten Kitas aus bestehenden Programmen einzelne Übungen auswählen, ergänzend zur im Folgenden beschriebenen alltagsintegrierten Förderung von Resilienz. So können Bausteine eines Programms aufgegriffen werden, beispielsweise nur einige der Übungseinheiten, einzelne Spiele oder Übungen. Hier wäre es wichtig, passgenau auszuwählen, was zur eigenen Einrichtung passt und die bestehenden Bedarfe abdeckt.

3. Alltagsintegrierte Resilienzförderung

Angesichts der zahlreichen weiteren Aufgaben von pädagogischen Fachkräften ist es sinnvoll, wenn Resilienz im pädagogischen Alltag, also alltagsintegriert, gefördert werden kann. Denn Resilienzförderung ist eine Querschnittsaufgabe, zu deren Förderung sich im Alltag zahlreiche Situationen und Möglichkeiten bieten.

AUSWAHL VON PROGRAMMEN ZUR FÖRDERUNG SOZIAL-EMOTIONALER KOMPETENZEN

Name des Programms	Zielgruppe Dauer	Kurzbeschreibung des Inhalts	Autor:in/Ansprechperson
BIKO-Gefühlekiste	Geeignet für Kinder von 4–6 Jahren, wird in Kleingruppen mit bis zu 6 Kindern durchgeführt. Umfasst 15 Spieleinheiten, die ca. 35 Minuten dauern sollten und im Rahmen von zwei wöchentlichen Einheiten durchgeführt werden. Durchführung mittels Vorlesen von emotionsgeladenen Geschichten, Rollenspiel, Modelllernen, Feedbackeinheiten und Reflexionsgespräche (Holodynski & Rüth, 2021).	Märchenspielbasierte Förderung sozioemotionaler Kompetenzen von Vorschulkindern. Emotionswahrnehmung bei sich und anderen sowie Emotionsregulation.	Seeger & Holodynski, 2022
FREUNDE, Lebenskompetenzen für starke Kinder – gute FREUNDE.	Fachkräfte und Kinder (0–6 Jahre) in Kindertageseinrichtungen sowie deren Eltern	Präventionsangebot für Kindertageseinrichtungen zur Förderung von Selbstwahrnehmung, Einfühlungsvermögen, Umgang mit Stress, Problemlösen usw.	Benz & Umbach, 2009
Kindergarten plus	Kinder im Alter von 4–5 Jahren in Kindertageseinrichtungen	Förderung sozial-emotionaler Kompetenzen	Deutsche Liga für das Kind; Klinkhammer, 2013
Lubo aus dem All! Für Vorschulkinder	Kinder von 4–6 Jahren	Prävention von auffälligem Verhalten	Hillenbrandt et al., 2016
Papilio®	Fachkräfte in Kindertageseinrichtungen, (indirekt) Kinder von 3–6 Jahren und ihre Eltern	Stärkung von Schutzfaktoren, Reduktion des Einflusses von Risikofaktoren, Förderung sozial-emotionaler Kompetenzen usw.	Mayer et al., 2007; Mayer et al., 2016
PRiK – Prävention und Resilienzförderung in Kindertageseinrichtungen	Kinder von 4–6 Jahren, Eltern, pädagogische Fachkräfte	Resilienzförderung	Fröhlich-Gildhoff et al., 2021
Verhaltenstraining im Kindergarten. Ein Programm zur Förderung emotionaler und sozialer Kompetenzen	Kinder von 3–6 Jahren	Universelles Präventionsprogramm zur Förderung von emotionalen und sozialen Kompetenzen.	Koglin & Petermann, 2013

Alltagsintegrierte Resilienzförderung bedeutet, in jeder sich bietenden Situation im pädagogischen Alltag die Resilienz von Kindern zu fördern. Dafür muss man kein zusätzliches Programm erlernen, sondern es geht darum, alltägliche Situationen durch die „Resilienzbrille" zu betrachten, seine Planung danach auszurichten und entsprechend handeln zu können. Handlungsleitend ist die Frage: Welche Gelegenheiten bieten sich in der aktuellen Situation und im pädagogischen Alltag, um die Resilienz der Kinder zu fördern?

■ **Aus der Praxis:** Das Team der Kita Regenbogen hat sich entschlossen, das Thema Resilienz im pädagogischen Alltag zu verankern. Als es darum geht, einen Ausflug in den nahe gelegenen Tierpark zu planen, fragen sich die beiden Kolleginnen Ina und Melanie, wie sie die Resilienzförderung in diesem Zusammenhang umsetzen können. Sie entschließen sich, den Resilienzfaktor Selbstwirksamkeit zu fördern, indem sie die Kinder intensiv an der Planung und Umsetzung des Ausflugs beteiligen. So plant eine Gruppe die Verpflegung und bereitet gemeinsam mit der Köchin ein gesundes Vesper für alle Kinder vor. Eine weitere Gruppe ist für die Navigation zuständig, sucht im Vorfeld Busverbindungen heraus und druckt sich den Lageplan des Tierparks aus. Einige Kinder, die sich für Tiere interessieren, sammeln gemeinsam mit einer Fachkraft Informationen aus Kindersachbüchern über die Tiere des Wildparks, die sie den anderen Kindern während des Ausflugs vermitteln können. Die Kinder erleben sich so als aktive Gestalter:innen des Ausflugstags. ■

> Die Förderung von Resilienz ist eine Querschnittsaufgabe.

WICHTIGE FÄHIGKEITEN FÜR DIE ALLTAGSINTEGRIERTE RESILIENZFÖRDERUNG

- Eine professionelle pädagogische Haltung;
- Wissen über Grundlagen von entwicklungsförderlichen, Sicherheit und Halt gebenden Beziehungen sowie die Gestaltung entsprechender Interaktionen mit Kindern;
- Fachwissen über Resilienz-, Risiko-, Schutzfaktorenkonzept und Resilienzförderung anhand der Resilienzfaktoren;
- Fertigkeiten zur Umsetzung des Fachwissens über Beziehung, Interaktion, Resilienzförderung;
- Reflexionsfähigkeiten zur Reflexion der eigenen Haltung sowie der Umsetzung in die Praxis (Transfer).

(vgl. Kaiser, 2020)

Beziehung als tragende Basis im Alltag

Eine verlässliche, tragfähige Beziehung zu einer Bezugsperson ist einer der zentralen Resilienzfaktoren überhaupt (Rönnau-Böse & Fröhlich-Gildhoff, 2015). Als Basis der alltagsintegrierten Resilienzförderung sollten sich Fachkräfte also um eine verlässliche und warmherzige Beziehung zu den Kindern bemühen. Darauf aufbauend kann bei der systematischen Förderung der oben dargestellten Resilienzfaktoren angesetzt werden. Fast alle diese Faktoren zielen auf ein starkes Selbst eines Kindes ab. Fachkräfte unterstützen damit die Entwicklung starker Kinder, die sich in der Gemeinschaft rücksichtsvoll und respektvoll verhalten und soziale Kompetenzen zeigen. Besonders bedeutsam sind dabei Beziehungserfahrungen (vgl. Fröhlich-Gildhoff, 2022). Kinder bilden in ihrer Entwicklung stabile Bewertungs- und Erfahrungsmuster aus, die durch die Interaktion mit der Umwelt geprägt sind. Aus diesen Erfahrungsmustern entsteht die Grundhaltung, wie ein Mensch auf die Welt zugeht (eher optimistisch oder pessimistisch, eher verschlossen oder offen), sowie eine Erwartungshaltung, wie die Umwelt wohl auf die eigene Person reagieren wird (eher positiv oder negativ, eher unterstützend oder vernachlässigend). Erlebt ein Kind, dass seine Signale und Grundbedürfnisse wahrgenommen und entsprechend feinfühlig beantwortet werden und dass liebevoll mit ihm umgegangen wird, so bildet sich die Erwartung aus: „Die Welt ist gut", „Die Menschen meinen es gut mit mir", „Ich bin gut", „Ich bin in Ordnung so, wie ich bin". Diese Haltung des Kindes wiederum prägt auch seine weiteren Interaktionen mit seiner Umwelt.

Der Blick durch die Resilienzbrille

Die alltagsintegrierte Resilienzförderung orientiert sich an den Resilienzfaktoren, die sich direkt auf die Kinder beziehen. Dabei liegt der Fokus gezielt auf Aspekten, die im Praxisalltag einer Kita durchführbar sind. Kita-Teams können sich vorab fragen, ob sie sich „nur" auf einen bestimmten Resilienzfaktor fokussieren oder alle Resilienzfaktoren zugleich in den Blick nehmen möchten.

Wesentlich bei der alltagsintegrierten Förderung ist: Es geht nicht darum, noch etwas „obendrauf" zu packen oder den kompletten Kita-Alltag neu zu strukturieren. Es geht vielmehr darum, an der eigenen professionellen pädagogischen Haltung zu arbeiten und dementsprechend zu handeln. Auf der Grundlage einer wertschätzenden Beziehung kann jede im pädagogischen Alltag auftretende Interaktion genutzt werden, um die Kinder zu stärken. Pädagogische Situationen werden durch die „Resilienzbrille" betrachtet, die sich darauf fokussiert, Kinder stärken- und ressourcenorien-

Kinder werden aktiv in die Gestaltung ihres Alltags eingebunden.

tiert im Alltag zu begleiten und besonders in herausfordernden Situationen zu ermutigen und Unterstützung anzubieten. Vereinfacht gesprochen geht es bei Resilienzförderung darum, die „Stärken zu stärken, um die Schwächen zu schwächen". Unabdingbar sind dabei eine professionelle, wertschätzende pädagogische Haltung sowie die Achtung der psychischen und physischen Grundbedürfnisse.

Resilienzfaktoren im pädagogischen Alltag

Resilienzfaktoren (vgl. Rönnau-Böse, 2013) sind Schutzfaktoren auf der personalen Ebene, auf die pädagogische Fachkräfte und Bezugspersonen aus der Familie einwirken können. Die sechs hier im Besonderen genannten Resilienzfaktoren dienen als Grundlage für die alltagsintegrierte Resilienzförderung. Zum besseren Verständnis werden sie tabellarisch dargestellt (S. 37), bevor sie anschließend im Detail erläutert werden.

Positives Selbstkonzept – Selbst- und Fremdwahrnehmung

Um über sich selbst nachdenken zu können, benötigt ein Kind die Fähigkeit, sich bezüglich seiner Gedanken, Gefühle und Handlungen präzise zu beobachten und daraus weitere Schlüsse für das eigene Verhalten zu ziehen. Dabei können pädagogische Fachkräfte Kinder in der Kita unterstützen, indem sie die Kinder dazu anregen, genau zu beobachten (sowohl die Umwelt als auch sich selbst) und achtsam wahrzunehmen, wie es ihnen im Moment geht.

■ **Aus der Praxis:** Celina (4) kann schon den ganzen Morgen nicht stillsitzen. Sie ist fröhlich, aber unruhig und zappelig. Fachkraft Aisha spricht sie an: „Na, Celina, du möchtest dich wohl bewegen, was? Jetzt hat es so lange geregnet und wir konnten nicht rausgehen. Bist du deshalb so unruhig?" Celina denkt kurz nach und antwortet dann: „Ja, es kribbelt richtig in meinen Beinen, die wollen rennen!" Auf Aishas Anregung ziehen Celina und ein paar andere Kinder sich Matschsachen an, um im Außengelände Fangen zu spielen. ■

Ist die Selbstwahrnehmung der Kinder positiv, so stellt sie einen wesentlichen Schutzfaktor für die gesunde seelische Entwicklung eines Kindes dar (vgl. Bengel et al., 2009). Um eine positive Wahrnehmung von sich selbst entwickeln zu können, braucht ein Kind Bestätigung aus der sozialen Umwelt – allerdings, wie bereits erwähnt, nicht in Form einer „Gießkannenbestätigung" im Sinne von ständigem und unspezifischem Lob. Es geht vielmehr darum, dass sich das Kind als Person positiv bestätigt fühlt. Das kann ein einfaches, ehrlich gemeintes „Wie schön, dass du da bist!" am Morgen sein oder ein intensives Gespräch mit einem Kind. Ebenso können als positiv erlebte Verhaltensweisen bestärkt werden, beispielweise: „Toll, dass du die jüngeren Kinder beim Fußballspielen so gut einbeziehst!"

Fremdwahrnehmung bedeutet, Informationen aus der Außenwelt adäquat wahrnehmen zu können. Dazu gehören Aussagen, Gefühle, Signale und Handlungen anderer Personen, aber auch die Eindrücke der Umgebung (zum Beispiel Tiere, Pflanzen, Verkehr, Geräusche, Sinneseindrücke). In der Kita bieten sich alltäglich zahlreiche Gelegenheiten, in denen Kinder zur Fremdwahrnehmung angeregt werden können. Das können zum einen Konfliktsituationen sein: „Schau mal genau hin: Wie geht es Lukas, wenn du ihn mit der Schaufel haust? Was für ein Gesicht macht er? Ja, er sieht traurig aus." Aber auch in alltäglichen Situationen regen beiläufige Sätze zur Fremdwahrnehmung an: „Ihr habt es gerade lustig miteinander, was? Alle lachen und freuen sich!".

Für pädagogische Situationen gibt es keine Rezepte. Die pädagogischen Fachkräfte unterscheiden sich genauso in ihrer Persönlichkeit wie die einzelnen Kinder. Deshalb werden nachfolgend Reflexionsfragen formuliert, anhand derer jede Kita-Fachkraft ihre eigenen, jeweils passgenauen Antworten finden kann.

Anregungen, wie die Selbst- und Fremdwahrnehmung unterstützt werden können

- Stille-Übungen;
- Wahrnehmungsübungen;

RESILIENZFAKTOREN

Resilienzfaktor	Kurzbeschreibung
Positives Selbstkonzept	Positive Selbstwahrnehmung, positives Selbstwertgefühl, Selbstachtung, Selbstvertrauen, Selbstreflexivität Wahrnehmung der Gedanken, Gefühle, Zustände anderer Personen (Theory of Mind).
Selbstregulation	Mentalisierungsfähigkeiten, Fähigkeit, eigene Gefühlszustände steuern zu können, hohe Frustrationstoleranz, flexible Anpassungsfähigkeit der Selbstkontrolle, Impulskontrolle, Fähigkeit zu entspannen.
Selbstwirksamkeit	Überzeugung/Erwartung/Gewissheit/Vertrauen, etwas bewirken und Anforderungen bewältigen zu können (Erfolgserwartung), hohe internale Kontrollüberzeugung/realistische Kontrollüberzeugung, Vertrauen in eigene Fähigkeiten, Erfolge werden eigenen Anstrengungen/Fähigkeiten zugeschrieben, Fähigkeit, sich zu ermutigen, auch angesichts von Hindernissen, Fähigkeit, nicht vorschnell aufzugeben, geringe selbst erlebte/erlernte Hilflosigkeit, Optimismus, Lernmotivation, Leistungsbereitschaft.
Soziale Kompetenz	Angemessene Fähigkeiten im zwischenmenschlichen Umgang, situationsangemessene Kontaktaufnahme, -aufrechterhaltung, -beendigung, Zuhören können, Empathie, Übernahme von Verantwortung und altersangemessenen Aufgaben, prosoziales Verhalten (teilen, helfen), Aktivieren und Annehmen von Hilfe/sozialer Unterstützung, effektive Kommunikationsfähigkeiten, Wahren angemessener Nähe/Distanz, Grenzen akzeptieren, Fähigkeit zur Abgrenzung, Durchsetzungsfähigkeit, Nein sagen können, kulturelle Regeln des Zusammenlebens kennen und kulturelle Normen einhalten (Höflichkeit, Rücksichtnahme usw.), Kooperationsfähigkeit, Humor, Freundschaften schließen und halten können.
Problemlösefähigkeiten	Probleme erkennen können, Sachverhalte verstehen und Lösungen für Probleme entwickeln können, Fähigkeit, Pläne erstellen (Planungskompetenz) und handelnd zu verfolgen (Handlungskompetenz), Ziele setzen und erreichen können (Zielorientierung), Entwicklung effektiver Strategien zur Zielerreichung, Motivation zur Problemlösung und Zielerreichung, Flexibilität.
Aktive Bewältigungskompetenz	Angemessener Umgang mit Stress in konkreten Situationen, Anpassungsfähigkeit angesichts herausfordernder Situationen/ Schwierigkeiten, Einsatz angemessener Coping-Strategien (Bewältigungsstrategien).

REFLEXIONSFRAGEN ZUR FÖRDERUNG DER SELBST- UND FREMDWAHRNEHMUNG

- Werden die Kinder bei der Wahrnehmung ihrer Gefühle unterstützt?
- Wird mit den Kindern über ihre Gefühle gesprochen?
- Werden die Kinder bei Konflikten angeregt, die Perspektive ihres Gegenübers einzunehmen?
- Werden die Gefühle der Kinder verbalisiert?
- Wird den Kindern Achtung und Wertschätzung entgegengebracht?
- Wird den Kindern durch Worte und Taten vermittelt: Du bist in Ordnung, so wie du bist?
- Werden Kinder dabei unterstützt, sich in andere Menschen hineinzuversetzen und deren Sichtweise oder Emotionen nachzuvollziehen?

(vgl. Deutsche Kinder- und Jugendstiftung, 2022; Kaiser & Fröhlich-Gildhoff, 2022)

- im Alltag Gespräche über die Gedanken, Emotionen und Befindlichkeit der anderen Personen führen;
- Kinder darin unterstützen, sich in andere einzufühlen;
- Bewegungsübungen, mit denen die Körperwahrnehmung unterstützt wird;
- mithilfe entsprechender Medien (Bücher wie z. B. „Heute bin ich" von Mies van Hout, 2012 usw.)

■ **Aus der Praxis:** Laura (5) spielt in der Regel fröhlich mit den Kindern der Kita, sie ist aufgeschlossen und offen anderen gegenüber. Kommt es zu Konflikten, neigt sie dazu, impulsiv zu reagieren. Sie signalisiert, dass Konfliktsituationen sie überfordern. Manchmal wirft sie in solchen Situationen mit Gegenständen oder zieht sich zurück. Der Erzieher Luis überlegt sich, wie er Laura dabei unterstützen könnte, ihre Selbstwahrnehmung zu verbessern und darauf aufbauend ihre Emotionen besser zu regulieren.

Während einer Freispielsituation beobachtet Luis, wie Laura beginnt, mit Mohammed (6) um ein Springseil zu streiten. Sie fordert das Springseil lautstark ein und beginnt, daran zu ziehen, um es Mohammed aus der Hand zu nehmen. Luis geht zu den Kindern und spricht Laura an: „Laura, ich höre und sehe, dass du gerade laut sprichst und dich aufregst? Was ist denn los?" Laura erklärt, dass sie das Springseil möchte und es dringend sofort braucht. Luis fragt nach: „Kannst du erzählen, wie es dir gerade geht?"

Laura äußert, dass sie sich ärgert. Luis fragt Laura und Mohammed, ob sie eine Lösung finden, die für beide passt. Mohammed schlägt Laura vor, dass sie ein anderes, ähnliches Springseil nehmen könnte und seines bekommt, wenn er es nicht mehr braucht. Laura ist einverstanden. ■

Selbstregulation

Emotionen sind im Leben allgegenwärtig: Menschen empfinden Freude, Stolz, Mitgefühl, aber auch Furcht, Scham oder Angst. Die Förderung der Selbstregulation dient dazu, die emotionale Kompetenz zu fördern. Dabei geht es darum, die Impulse, die aus einer auftretenden Emotion entstehen, in sozial verträgliche Handlungsweisen münden zu lassen. So ist ein emotional kompetentes Kind, das sich durch die Handlung eines anderen Kindes herausgefordert oder geärgert fühlt, dazu in der Lage, seinen Ärger angemessen zum Ausdruck zu bringen. Ein solches Kind könnte zum Beispiel sagen: „Ich möchte das nicht, dass du mir dauernd laut ins Ohr rufst!" Die auftauchenden Emotionen werden reguliert, indem sie kontrolliert werden. Dazu muss sich ein Kind zuerst seiner Emotionen bewusst werden („Ich ärgere mich gerade …") und den Anlass oder Auslöser des Ärgers verstehen („… weil Johanna mir dauernd ins Ohr ruft und mir das zu laut ist."). Wenn es pädagogischen Fachkräften gelingt, Kindern eine hohe emotionale Unterstützung zu geben, dann zeigen Kinder deutliche Fortschritte in ihrer sozial-emotionalen Entwicklung (vgl. Wertfein et al., 2015). Deshalb ist es wichtig, die Gefühle von Kindern wahr- und ernstzunehmen, ihre emotionale Kompetenz zu fördern und ihnen ein positives Rollenmodell im Umgang mit Emotionen zu sein.

Gefühle in Worte fassen können

Um Emotionsregulation zu erlernen, müssen Kinder ihre Emotionen also wahrnehmen, benennen und sich angemessene Reaktionen überlegen können. Um über Worte für Emotionen zu verfügen, benötigen Kinder ein entsprechendes Vokabular. Dieses kann durch Fachkräfte in der Kita

VIER STUFEN IM UMGANG MIT EMOTIONEN

1. Eine aktuell erlebte Emotion wird uns bewusst (wir fühlen zum Beispiel Ärger).
2. Wir benennen die Emotion („Ich bin ärgerlich!").
3. Wir versuchen, unsere Emotion zu verstehen („Ich ärgere mich, weil Lisa mich mit Sand bewirft.").
4. Wir regulieren unsere Emotion („Ich weiß, dass ich nicht mit Sand zurückwerfen sollte, und überlege mir, was ich stattdessen tun könnte.")

(vgl. Halberstadt et al., 2001).

REFLEXIONSFRAGEN ZUR FÖRDERUNG DER SELBSTREGULATION

- Erlernen die Kinder in der Kita Strategien zur Selbstberuhigung?
- Erwerben die Kinder Wissen über den Umgang mit diversen Gefühlen wie Angst, Freude, Ärger, Aufregung?
- Werden die Kinder angeleitet, ihr Verhalten in emotional herausfordernden Situationen angemessen zu steuern?
- Werden die Kinder motiviert, bei Misserfolgen ihre Ziele im Blick zu behalten und die Zielerreichung zu verfolgen?
- Werden die Kinder dabei unterstützt, Frustrationen in zumutbarem Maße auszuhalten und ihre Erregung sozialverträglich zu steuern?
- Werden die Kinder darin unterstützt, ihre Impulse zu kontrollieren?
- Werden die Kinder angeregt, sich flexibel an verschiedene Situationen anzupassen?

(vgl. Deutsche Kinder- und Jugendstiftung, 2022; Kaiser & Fröhlich-Gildhoff, 2022)

mit den Kindern eingeübt werden. Hilfreich sind Gespräche über Gefühle sowie Karten oder Bilder mit unterschiedlichen Emotionsausdrücken. Die Bildkarten können im Gruppenraum aufgehängt werden, sodass Gespräche darüber angeregt und auch die pädagogischen Fachkräfte an die Thematik erinnert werden. Um einen möglichst großen Emotionswortschatz zu entwickeln, bedarf es häufiger Gespräche über Emotionen im Kita-Alltag. Holodynski und Rüth (2021) sprechen sich dafür aus, dass emotionale Kompetenzen besonders gut im Rollenspiel mit Kindern eingeübt werden können. Entscheidend ist dabei, dass die Kinder so intensiv in das Rollenspiel versunken sind, dass sie die Emotionen, die sie darstellen, tatsächlich nachvollziehen und mitfühlen können. So können sie Reaktionsmöglichkeiten und Ausdrucksmuster im Spiel ausprobieren, um dann auch in realen Situationen ein Verhaltensrepertoire zur Verfügung zu haben (vgl. S. 254f).

Fachkräfte können Kindern Raum für Rollenspiele geben, Spielimpulse setzen und einen Fundus an Utensilien bereithalten (Verkleidungskiste oder -ecke mit vielfältigen Kleidungsstücken und Accessoires). Beim oben genannten Programm BiKo-Gefühlekiste (vgl. Seeger & Holodynski, 2022) werden Geschichten mit besonders betontem Gefühlsausdruck vorgelesen, sodass die Kinder zum Nachempfinden angeregt werden. Wenn das genannte Programm nicht komplett durchgeführt werden kann, bietet es auch beispielhaft Impulse für Vorleseeinheiten im pädagogischen Alltag. Dabei können pädagogische Fachkräfte darauf achten, Geschichten mit deutlichem Emotionsausdruck vorzulesen oder zu erzählen. Anschließend können die Kinder angeregt werden, die Geschichten und Märchen im Rollenspiel nachzuspielen. Begleitet die Fachkraft solche Rollenspiele kompetent oder spielt selbst begeistert mit, dann können verschiedene Gefühle in einem geschützten Rahmen erprobt und erlebt und der Umgang damit geübt werden.

Um am Emotionsverständnis und Gefühlswortschatz von Kindern zu arbeiten, ist es wichtig, im Alltag eine vielfältige Sprache über Emotionen zu verwenden. Die Gefühle der Kinder können (stellvertretend) verbalisiert werden, zum Beispiel: „Bist du traurig, weil Finn dich nicht zu seinem Geburtstag einladen will?“ Auch eine reichhaltige und vielfältige Auswahl an altersgerechten Bilderbüchern zum Thema hilft dabei, den Gefühlswortschatz beständig zu erweitern. Mithilfe der Bücher können Emotionen thematisiert werden und im Anschluss gemalt oder im (Rollen-)Spiel dargestellt werden (zum Beispiel Mies van Hout (2012) „Heute bin ich“ oder Michal Snunit „Der Seelenvogel“).

Fachkräfte können sich eine Liste mit Gefühlsadjektiven im Gruppenraum aufhängen. So erinnern sie sich daran, ganz unterschiedliche Gefühle im Alltag zu thematisieren und zu benennen. Bilder an der Wand auf Augenhöhe der Kinder, die unterschiedliche Gefühle ausdrücken, können anregend wirken, den Gefühlswortschatz und die Gespräche darüber zu erweitern. Außerdem können anhand von erzählten Geschichten Gefühle oder Konflikte des menschlichen Miteinanders ausgedrückt und gemeinsam Lösungen gefunden werden. Gefühle können pantomimisch dargestellt, gegensätzliche Gefühlspaare gesucht und gefunden werden. Eine Gefühlsuhr, auf der mit Gesichtern verschiedene Gefühle dargestellt sind, kann im Eingangsbereich des Gruppenzimmers aufgehängt werden. Jeden Morgen, wenn die Kinder in die Gruppe kommen, stellen sie den Zeiger der Gefühlsuhr auf ihr jeweiliges Befinden ein oder hängen einen Magnet an das Gefühl. So lernen zum einen die Kinder, ihre Gefühle wahrzunehmen und bildhaft zum Ausdruck zu bringen, zum anderen wird für die pädagogischen Fachkräfte ersichtlich, wie es den Kindern am Morgen geht. Daran können sich Gespräche anschließen wie „Warum bist du heute traurig/fröhlich/wütend?“.

Anregungen, wie die Selbstregulation unterstützt werden kann

- Sicherheit spenden, auch durch Rituale im pädagogischen Alltag.
- Als pädagogische Fachkraft Ruhe ausstrahlen.
- Ansprechperson sein.
- Rückzugsmöglichkeiten bei aufregenden/stresshaltigen Situationen bieten.
- Direkte Anweisungen, mit denen das Kind ko-reguliert wird. Beispiel: „Atme mal tief ein und aus!“
- Versuchen, die Situation umzudeuten und so die Emotion umzuändern.

- Positive Rollenmodelle bieten: Fachkräfte, die sich selbst regulieren und das mit Worten begleiten. Beispiel: „Jetzt habe ich mich gerade richtig geärgert, weil mir die Blumenvase umgekippt ist und das Wasser den ganzen Tisch und das Papier nass gemacht hat. Aber jetzt atme ich tief durch und hole einen Lappen zum Aufwischen. Ist ja gar nicht so schlimm."
- Emotionen von Kindern wahrnehmen, Emotionen spiegeln, über Emotionen sprechen. Beispiel: „Wie geht es dir?", „Wenn du fröhlich bist, woran merkst du das?", „Wo im Körper spürst du, dass du wütend/traurig/ängstlich … bist?"
- Rollenspiele: Hier werden Emotionen ausgedrückt, überdeutlich gezeigt, im So-tun-als-ob bewältigt und gesteuert.

(vgl. Kaiser & Fröhlich-Gildhoff, 2022):

Selbstwirksamkeit

Ein Kind, das von der eigenen Selbstwirksamkeit überzeugt ist, traut sich die Lösung schwieriger Situationen zu und geht aus eigener Initiative in solche Situationen. Es zeigt Anstrengungsbereitschaft und Ausdauer beim Versuch, herausfordernde Situationen zu lösen. Es lässt sich nicht leicht entmutigen und schreibt sich Erfolge selbst zu. Die Erwartung eigener Selbstwirksamkeit kann durch vier Prinzipien beeinflusst werden (Schwarzer & Jerusalem, 2002, S. 42):

- eigene Handlungen (Erfolgserlebnisse);
- Beobachtung von anderen (Lernen am Modell),
- sprachliche Überzeugungen (Bewertungen von außen oder Selbstzuschreibungen),
- eigene Gefühlserregung wahrnehmen.

Für pädagogische Fachkräfte bedeutet dies, Kindern möglichst viele Gelegenheiten zu verschaffen, in denen sie Erfolgserlebnisse haben. Diese Erfolge können positiv kommentiert werden: „Ich habe gesehen, wie du dich angestrengt hast, um diesen Turm zu bauen. Jetzt hast du es geschafft! Prima gemacht!" Fachkräfte sollten Kindern nicht vorschnell schwierige Aufgaben abnehmen, sondern sie sollten ihnen Zeit lassen, diese Aufgaben selbst zu versuchen. Im Kita-Alter können dies alltägliche Herausforderungen sein wie das Anziehen der Matschhose oder der Schuhe, das Schnüren der Schuhe, das Einräumen der Spülmaschine und vieles mehr. Wichtig ist, dass sich Fachkräfte zurückhalten und Zeit geben für die Erfüllung auch schwieriger Aufgaben. Große Aufgabenblöcke können in bewältigbare kleinere Abschnitte zerlegt werden: „Wie wäre es, wenn du zuerst in deine Matschhose schlüpfst? Danach kannst du probieren, die Halbschuhe anzuziehen". Außerdem kann die Fachkraft die Überzeugung äußern, dass das Kind die Aufgabe bewältigen kann: „Du schaffst das!", „Ich traue dir das zu!". Zwar dauern dadurch manche Aufgaben länger, aber zum einen können Kindern so Erfolgserlebnisse verschafft werden, zum anderen gehen die Aufgaben den Kindern mit zunehmender Geschicklichkeit und Selbstständigkeit besser von der Hand, wodurch auch die pädagogische Fachkraft entlastet wird.

■ **Aus der Praxis:** Hassan (6) fügt sich gut in die Kita-Gruppe ein. Er ist interessiert, hat viele Spielideen und ist ein beliebter Spielpartner. Wenn er jedoch eine Aufgabe bewältigen soll, die er schwierig findet, gibt er eher schnell auf und traut sich keine Lösung zu. Die pädagogische Fachkraft Lena möchte Hassan dabei unterstützen, mehr Vertrauen in seine eigenen Fähigkeiten zu entwickeln und auch an herausfordernden Aufgaben dranzubleiben oder sich Hilfe zu holen, anstatt vorschnell aufzugeben. Dazu bietet sich in den folgenden Tagen eine Gelegenheit, als Hassan zwei Kinder beim Weben mit dem kleinen Webrahmen beobachtet und dies selbst ausprobieren möchte. Es gelingt ihm jedoch nicht gleich, regelmäßig mit dem Webschiffchen auf

REFLEXIONSFRAGEN ZUR FÖRDERUNG DER SELBSTWIRKSAMKEIT

- Werden die Kinder ermutigt, ihren Fähigkeiten zu vertrauen und Neues auszuprobieren?
- Werden den Kindern ihre Erfolge gespiegelt?
- Werden Ideen und Vorschläge der Kinder in Gestaltungsprozesse einbezogen?
- Wird Partizipation ermöglicht und gelebt?
- Erhalten die Kinder Raum, selbstständige Entscheidungen zu treffen?
- Werden den Kindern „Urheberschaftserfahrungen" ermöglicht?
- Werden die Kinder dabei unterstützt, ihre Ziele auch durch Überwindung von Hindernissen (sozialverträglich) zu erreichen?
- Werden die Fähigkeiten von Kindern gesehen sowie wertgeschätzt?
- Werden die Kinder dabei unterstützt, nicht vorschnell aufzugeben?
- Wird den Kindern Gelegenheit gegeben zu empfinden: Ich kann etwas bewirken! Das habe ich selbst geschafft!
- Wird den Kindern eine optimistische Einstellung vorgelebt und vermittelt sowie Zuversicht ausgestrahlt?
- Wird den Kindern vermittelt, dass es sich lohnt, proaktiv tätig zu werden?
- Werden Werke der Kinder beachtet und den Kindern differenzierte Rückmeldung dazu gegeben?
- Finden die Kinder eine anregungsreiche Umgebung vor, die bespielt und benutzt werden darf?
- Werden die Kinder in ihrer Motivation, tätig zu sein, unterstützt?

(vgl. Deutsche Kinder- und Jugendstiftung, 2022; Kaiser & Fröhlich-Gildhoff, 2022)

Kinder suchen sich Herausforderungen, die ihrer Geschicklichkeit entsprechen.

und ab zu weben. Nach ein paar misslungenen Versuchen legt er den Webrahmen zur Seite und möchte woanders spielen gehen. Lena geht zu ihm und lässt sich seinen Webrahmen zeigen. Sie betrachtet mit Hassan gemeinsam die bisherigen Versuche und weist ihn darauf hin, wo es ihm gut gelungen ist: „Schau, hier hast du prima auf und ab gewebt. Gut gemacht. Und hier stimmt es noch nicht so ganz, da hast du recht. Möchtest du es noch mal probieren? Wie hast du es denn bisher gemacht? Hast du mal probiert, das Schiffchen ein bisschen anders zu halten? Ja, genau so. Nun klappt es! Toll, dass du es noch mal probiert hast und nicht aufgegeben hast!“ ■

Soziale Kompetenz

Psychische Gesundheit und soziale Kompetenz hängen zusammen: Die psychische Gesundheit und Lebensqualität hängt auch davon ab, wie gut es Menschen gelingt, soziale Beziehungen einzugehen und aufrechtzuerhalten. Dabei wird unterschieden zwischen sozialen Verhaltensfertigkeiten (Social Skills) und sozialen Kompetenzen. Unter sozialen Verhaltensfertigkeiten (Social Skills) werden folgende Fertigkeiten gefasst:

- Kognitive Fertigkeiten: „Sich in andere hineinversetzen können“, „Handlungsalternativen entwickeln“ oder „zielführende Gedanken aktivieren.
- Emotionale Fertigkeiten: „Eigene Gefühle und Stimmungen wahrnehmen“, „sich entspannen können“ oder „eigene Ängste vorübergehend ignorieren“.
- Aktionale Fertigkeiten: „Laut und deutlich sprechen können“ oder „jemanden anschauen“

(Pfingsten, 2021, S. 224).

Diese sozialen Fertigkeiten können in der Kita im alltäglichen Umgang geübt und gefördert werden, indem, wie oben formuliert, mit Kindern geübt wird, sich in andere hineinzuversetzen, sich zu entspannen, laut und deutlich zu sprechen. Unter soziale Kompetenzen werden Fähigkeiten verstanden, mit deren Hilfe die genannten sozialen Fertigkeiten situationsadäquat genutzt werden können. Die sozialen Kompetenzen beziehen sich auf Alltagssituationen, in denen Kinder zum Beispiel Kontakt zu anderen aufnehmen, in Beziehung gehen und ihre Interessen vertreten (vgl. Pfingsten, 2021).

Auch prosoziales Verhalten gehört zu sozialer Kompetenz. Prosoziales Verhalten bedeutet, dass ein Kind in der Lage ist, andere zu trösten, ihnen zu helfen, Absichten eines anderen Kindes zu erkennen, sich mit anderen über ihren Erfolg freuen zu können und empathisch mitfühlen zu können (vgl. Bischof-Köhler, 2011). Prosoziales Verhalten kann vor allem durch Wahrnehmungslernen gefördert werden. Kinder beobachten, dass pädagogische Fachkräfte, Bezugspersonen oder andere Personen sich gegenüber anderen überwiegend prosozial verhalten, sich für benachteiligte oder beeinträchtigte Personen einsetzen, etwas für andere Menschen tun, anderen helfen und entsprechendes Verhalten positiv beachten (vgl. Tausch & Tausch, 1998).

Problemlösekompetenzen

Im Alltag stoßen Kita-Kinder häufig auf kleinere oder größere Probleme, die gelöst werden müssen. Dabei helfen entsprechende Fähigkeiten: Problemlösekompetenzen machen es möglich, alltägliche Anforderungen und Schwierigkeiten im Alltag bzw. im Leben konstruktiv zu handhaben und angemessene Lösungsstrategien zu entwickeln. Diese Kompetenzen sind relevant, weil sie sich langfristig auf das psychische und physische Wohlergehen von Kindern auswirken (vgl. Eschenbeck 2010 in Mackowiak et al., 2020). Gerade im Vorschulalter entwickeln sich Problemlösefähigkeiten, da Kinder in diesem Alter lernen, verschiedene mögliche Lösungen in Gedanken durchzugehen und daraufhin zu überprüfen, welche dieser Möglichkeiten am geeignetsten erscheint (ebd.). Über die Gestaltung ko-konstruktiver Bildungsprozesse mit Kindern im Sinne des „scaffolding“ („Gerüstbaus“) oder „sustained shared thinking“ („gemeinsam sich entwickelnde Denkprozesse“) sollen kognitiv anregende Interaktionen positiv beeinflusst werden (ebd.).

REFLEXIONSFRAGEN ZUR FÖRDERUNG SOZIALER KOMPETENZEN

- Werden die Kinder dabei unterstützt, einander zuzuhören?
- Wird eine Kultur der gegenseitigen Achtung, Achtsamkeit und des Respekts sowie der Toleranz gefördert?
- Herrscht in der Gruppe eine Kultur der Kooperation und Hilfsbereitschaft?
- Gibt es Raum für Kinder, einen eigenen Standpunkt zu vertreten?
- Wird ein „Nein" eines Kindes akzeptiert, wo es möglich ist?
- Werden Kinder zu prosozialen Verhaltensweisen angeregt?
- Gibt es klare Regeln für den Umgang mit (grenz-)verletzendem Verhalten?
- Reflektieren sich die pädagogischen Fachkräfte bezüglich eigener grenzverletzender Verhaltensweisen den Kindern gegenüber?
- Lebt in der Einrichtung ein wertschätzender und freundlicher Umgangston über alle Ebenen (Leitung, Eltern, Fachkräfte untereinander, mit den Kindern)?
- Werden Kinder dabei unterstützt, sich in andere Menschen hineinzuversetzen, auch in Konfliktsituationen?
- Werden Kinder angeregt, sich im Bedarfsfall Unterstützung zu holen?
- Werden die Kinder dabei begleitet, zu anderen Kindern angemessen Kontakt aufzunehmen?
- Wird die Toleranz für unterschiedliche Kulturen und Vielfalt gefördert?
- Wird die gemeinsame Mahlzeit als Zeit des Miteinanders gelebt?
- Werden Regeln des Zusammenlebens vermittelt (Höflichkeit, Rücksichtnahme)?
- Werden mit den Kindern Verhaltensweisen für den Konfliktfall geübt?
- Wird genügend anregendes Material zur Verfügung gestellt, damit die Kinder Rollenspiele spielen können? Werden die Kinder zum Spielen von Rollenspielen angeregt bzw. dabei unterstützt?
- Wird in der Einrichtung zusammen gelacht?
- Werden Grenzen der Kinder akzeptiert?
- Wird mit den Kindern geübt, ihre Grenzen sozial akzeptabel aufzuzeigen?
- Ist die Einrichtung ein sicherer Ort für Kinder?
- Gibt es ein Schutzkonzept, das allen (Leitung, Kindern, Fachkräften, Eltern) bekannt ist und bei dessen Erstellung alle relevanten Akteur:innen eingebunden waren? Wird das Schutzkonzept regelmäßig überarbeitet und besprochen?
- Wissen die Kinder, bei wem sie sich beschweren können? Gibt es ein den Kindern bekanntes Beschwerdeverfahren?

(vgl. Deutsche Kinder- und Jugendstiftung, 2022; Kaiser & Fröhlich-Gildhoff, 2022)

Um Kinder in der Kita bei ihren Problemlösungskompetenzen zu unterstützen, können Fachkräfte gemeinsam mit ihnen einen einfachen Problemlösezyklus anwenden. Beispielhaft könnte dieser folgendermaßen aussehen:

Was ist das Problem? Mayla (6) vermisst ihren kleinen Anhänger aus Metall, der mit einem Karabinerhaken an ihrem Armband hing.

Was ist die Ursache des Problems? Mayla hat ihn vermutlich beim Spielen auf der großen Wiese des Kita-Außengeländes verloren.

Welche Möglichkeiten habe ich? Den Anhänger suchen. Andere Kinder fragen, ob sie ihn gesehen haben. Andere Kinder fragen, ob sie suchen helfen.

Welche Möglichkeiten fallen mir noch ein? Mayla überlegt sich genau, wo auf der Wiese sie gerannt ist, und geht die Strecke noch einmal ab. Mayla und die anderen Kinder teilen sich auf, jedes Kind sucht einen bestimmten Abschnitt der Wiese ab.

Was davon könnte ich allein probieren? Wofür benötige ich Hilfe? Mayla kann zunächst alleine suchen, aber wenn viele mithelfen, stehen die Chancen besser.

Wen könnte ich um Hilfe bitten? Alle Kinder, die gerade im Außengelände spielen.

Was möchte ich versuchen? Mayla bittet die anderen Kinder, zusammen mit ihr über die Wiese zu laufen.

Problemlösung ausprobieren: Die Kinder beginnen zu suchen. Zunächst laufen sie nur durcheinander. Dann kommen sie auf die Idee, eine Kette zu bilden und die Strecke langsam abzugehen.

Was hat funktioniert? Die Suchkette war erfolgreich, Maylas Anhänger wurde gefunden. Andere um Hilfe zu bitten hat gut geklappt. So ging die Suche schneller.

Günstig ist es, wenn Kinder ein breites Repertoire an möglichen Lösungsstrategien haben, die sie je nach Problem passend einsetzen können. Dies können pädagogische Fachkräfte unterstützen, indem sie wahrnehmen, wenn ein Kind dabei ist, ein Problem zu lösen. Bei Bedarf können sie das Kind unterstützen, flexibel eine angebrachte Problemlösung auszuwählen. Dabei kann die Anleitung zum eben beschriebenen Problemlösezyklus unterstützend sein: „Was ist dein Problem? – Woran liegt das? – Was könntest du tun? – Welche verschiedenen Möglichkeiten hast du? – Kannst du das selbst versuchen? – Brauchst du Hilfe dabei? – Wer kann dir dabei helfen? – Was möchtest du probieren, um dein Problem zu lösen? – Wie hat es geklappt?" Dabei genügt es je nach Situation, die Kinder rein verbal bei der Lösungsfindung zu unterstützen, bevor eventuell tatkräftige Unterstützung bei der Umsetzung nötig wird.

Aktive Stressbewältigungskompetenz

Kinder erleben im Kita-Alltag mal mehr, mal weniger stressende Situationen. Dies kann der Abschied von den Eltern am Morgen sein oder ein Konflikt mit den Kindern der Gruppe. Aktive Stressbewältigungskompetenz umfasst den Umgang mit akuten Stresssituationen. Dieser hängt eng mit den jeweiligen Bewältigungsstrategien einer einzelnen Person (Coping-Strategien) zusammen. Unter Bewältigung oder Coping kann das Bemühen einer Person verstanden werden, sich auf Ebene des Denkens, des Fühlens und des Handelns mit akuten Anforderungssituationen auseinanderzusetzen mit dem Ziel, diesen erfolgreich zu begegnen. Dabei können die subjektiv verfügbaren Möglichkeiten ausreichen, stark in Anspruch genommen werden oder eben nicht ausreichen (vgl. Lazarus & Folkman, 1984, nach Fiege et al., 2020).

Gemeinsam lassen sich Probleme leichter lösen.

Ob eine Situation als stressig erlebt wird, hängt immer von der individuellen Bewertung ab. Wird die Ausgangssituation als positiv oder unbedeutend aufgefasst, so wird das Ereignis als nicht stressbezogen bewertet und somit erfolgt keine Stressreaktion. Die Stressbewältigungskompetenz wird jedoch gefordert, wenn das konkrete Ereignis als stresserzeugend eingeschätzt wird – zum Beispiel, wenn ein Kind ein Ereignis als Bedrohung oder als Herausforderung ansieht. Bei dem Bewältigungsverhalten werden grundsätzlich zwei unterschiedliche Formen unterschieden: zum einen die emotionsfokussierte Bewältigung (indirekte Bewältigung), in der die eigenen Emotionen reguliert werden, die auslösende Situation jedoch nicht verändert wird. Zum anderen kann auch die problemfokussierte Bewältigung (direkte Bewältigung) erfolgen, die auf eine konkrete Änderung der Situation abzielt (ebd.). Außerdem kann auch eine Mischform aus beiden Bewältigungsformen angewandt werden. Idealerweise können Kinder die Bewältigungsformen jeweils flexibel anpassen. Dabei können sie in der Kita unterstützt werden: Die Fachkraft überlegt gemeinsam mit dem Kind, ob an der Situation etwas geändert werden kann oder ob sie unveränderlich ist. Je nach Ergebnis dieser Überlegung ist eine emotionsfokussierte oder eine problemfokussierte Bewältigungsreaktion zielführender.

REFLEXIONSFRAGEN ZUR FÖRDERUNG VON PROBLEMLÖSEKOMPETENZEN

- Werden Kinder befähigt, für ihre Probleme selbstständig kreative Lösungsstrategien zu entwickeln?
- Erhalten Kinder Raum, eigene Lösungen zu finden?
- Wird den Kindern eine proaktive Herangehensweise an Probleme vermittelt?
- Herrscht eine Kultur der Fehlerfreundlichkeit?
- Werden Kindern ihre gewählten Strategien und Ressourcen zur Lösung von Problemen widergespiegelt?
- Werden Kinder ermuntert, sich in kreativen Methoden auszuprobieren?
- Werden die Kinder dabei unterstützt, flexibel an Schwierigkeiten heranzugehen?
- Gibt es Räume in der Einrichtung, in denen sich Kinder kreativ entfalten können?
- Werden Kinder ermutigt, Neues auszuprobieren?
- Finden anregende Interaktionen zwischen pädagogischen Fachkräften und Kindern statt?

(vgl. Deutsche Kinder- und Jugendstiftung, 2022; Kaiser & Fröhlich-Gildhoff, 2022)

REFLEXIONSFRAGEN ZUR FÖRDERUNG AKTIVER STRESSBEWÄLTIGUNGSKOMPETENZEN

- Haben die pädagogischen Fachkräfte einen Blick für stressauslösende Situationen im Alltag? Wird versucht, diese Situationen zu minimieren und so zu gestalten, dass sie weniger Stress für alle Beteiligten auslösen?
- Nehmen die Fachkräfte wahr, wenn in einer Situation für ein oder mehrere Kinder Stress entsteht? Werden die Kinder feinfühlig bei der Stressreduktion begleitet?
- Werden die Kinder dabei unterstützt, Stress bei sich selbst wahrzunehmen und aktiv damit umzugehen, indem zum Beispiel Entspannungsmethoden direkt eingesetzt werden?
- Wird mit den Kindern das Thema Stressentstehung und Stressbewältigung besprochen?
- Werden mit den Kindern Entspannungsmethoden eingeübt?
- Gibt es in der Einrichtung Rückzugsmöglichkeiten und Ruhezonen?
- Vermitteln die pädagogischen Fachkräfte eine ruhige, entspannte Grundhaltung?
- Gibt es für Kinder die Möglichkeit, an Kinder-Yoga teilzunehmen?
- Gibt es Räume und Zeiten, in denen Entspannung möglich ist?
- Wird mit Einrichtungen im Sozialraum kooperiert, die Entspannungsmethoden und -kurse für Kinder anbieten?

(vgl. Deutsche Kinder- und Jugendstiftung, 2022; Kaiser & Fröhlich-Gildhoff, 2022)

■ **Aus der Praxis:** Fachkraft Alessia nimmt wahr, dass der 4-jährige Henri in der Garderobe oft überfordert wirkt, wenn die Kinder sich Matschhosen und Jacken anziehen, um nach draußen zu gehen. Er wirkt gestresst und stößt andere Kinder unsanft weg, wenn sie ihm beim Umziehen zu nahe kommen. Alessia geht mit Henri ins Gespräch. Er äußert, dass es ihm „zu eng und zu laut“ in der Garderobe sei. Gemeinsam überlegen die beiden, ob an der Situation etwas geändert werden könnte. Das Ergebnis dieser Überlegungen ist, dass Henri sich im Gruppenraum umziehen darf, um das Gedränge in der Garderobe zu vermeiden. Henri und Alessia haben eine problemfokussierte Bewältigungsform gefunden. ■

Pädagogische Fachkräfte üben mit den Kindern, die adäquaten Reaktionsweisen zu wählen, und unterstützen sie bei der Umsetzung. Außerdem können Fachkräfte mit der Methode des lauten Denkens ihre Handlungen begleiten und so als Vorbild für die Kinder dienen. Bei der emotionsfokussierten Bewältigungsreaktion könnte ein Kind seine Emotionen zum Beispiel durch Weinen, Schreien, aber auch durch Verbalisierung der Emotion oder den Einsatz von Entspannungsverfahren regulieren. Letztere können in der Kita aktiv eingeübt werden – sowohl mit einer Gruppe von Kindern als auch mit einzelnen Kindern. Gelingt die Bewältigung herausfordernder Situationen, werden Lernprozesse angestoßen und neue Kompetenzen erschlossen, die in künftigen Situationen hilfreich sind.

Hilfreich beim Umgang mit Stress sind Entspannungs- und Achtsamkeitsübungen. Dabei können sich solche Übungen positiv auf Kinder auswirken, auch als Vorbeugung gegen negative Denkmuster (vgl. Linderkamp, 2019). Bei Depressionen, Ängsten oder Zwängen, aber auch bei Kindern mit Aufmerksamkeitsdefiziten belegen empirische Studien die Wirksamkeit dieser Übungen (ebd.). Hierzu zählen Meditationen oder Yoga-Übungen. Beide Methoden erwiesen sich in Studien als besonders effektiv, beispielsweise bei Kindern mit Aufmerksamkeitsdefiziten wie ADHS, außerdem verbesserte sich das psychische Wohlbefinden der Kinder (ebd.). Yoga-Übungen können mit mehreren Kindern gemeinsam durchgeführt werden. Hilfreich ist es, wenn eine pädagogische Fachkraft die Übungen durchführt, die selbst mit Yoga vertraut ist und eventuell eine Weiterbildung besucht hat, die sich mit Kinder-Yoga-Übungen befasst.

Werden Yoga-Übungen gemeinsam mit einer kleinen Gruppe an Kindern durchgeführt, so haben nicht nur die Kinder eine „bewegte Ruhepause“, sondern auch die pädagogische Fachkraft. Schritt für Schritt können mehr Übungen hinzukommen und die Kinder dazu angeregt werden, die Übungen auch alleine zu probieren, wann immer ihnen danach zumute ist. Auch Eltern kann der Nutzen und Sinn solcher Übungen

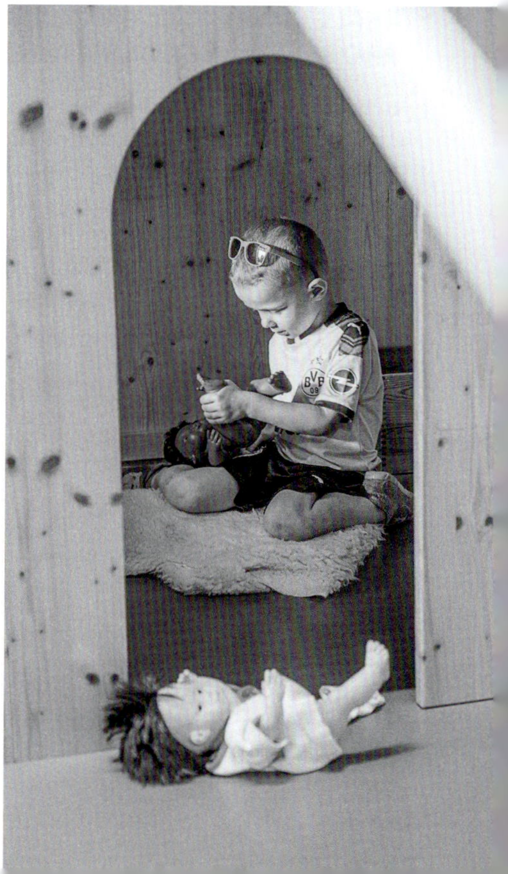

Orte für Ruhepausen und stille Momente sollten für alle Kinder zur Verfügung stehen.

PRAXISIMPULS: KINDER-YOGA

Fessler und Geiser (2011) empfehlen für Yoga mit Kindern, zu Beginn eher wenige Übungen durchzuführen, damit die Kinder diese Übungen auch selbstständig üben können. Dabei nennen sie als Stellungen drei bekannte und gut zu erlernende Übungen, nämlich Berg, Baum und Held (ebd., S. 2 ff.):

Berg: Die Kinder stehen mit beiden Beinen breitbeinig da und strecken die Arme zuerst seitlich vom Körper weg, danach als Dach über ihren Kopf. Mit nach oben gestreckten Armen halten die Kinder die Position einige ruhige Atemzüge lang.

Baum: Die Kinder stehen auf einem Bein, das andere Bein wird angehoben und am stehenden Bein aufgestützt (auf Kniehöhe). Die Arme werden in die Waagerechte gehoben, danach zurück. Als Erweiterung werden die Arme nach oben gestreckt und mehrere ruhige Atemzüge gehalten.

Held:in: Die Kinder stellen die Beine in einem weiten Schritt auseinander und beugen ein Bein. Das Gewicht wird auf das gebeugte Bein verlagert, die Arme bis auf Schulterhöhe angehoben. Der Blick wird auf ein festes Ziel gerichtet und die Arme für mehrere ruhige Atemzüge gehalten.

vermittelt werden und einige leichte Übungen mitgegeben werden, um diese zu Hause durchzuführen.

Ergänzend zu den genannten Möglichkeiten der Resilienzförderung anhand der Resilienzfaktoren können verschiedene weitere Übungen durchgeführt werden, um die Stärken der Kinder in den Fokus zu rücken: Stärken-Inseln unterstützen dabei, eigene Begabungen und positive Eigenschaften zu entdecken und wahrzunehmen. Dazu kann mit den Kindern eine Stärken-Schatzsuche veranstaltet werden: Was kannst du gut? Die Stärken, die von den Kindern genannt werden, können bildlich, pantomimisch, als Rollenspiel, plastisch mit Ton oder Knete und so weiter festgehalten werden. Stärken-Tagebücher dienen dazu, die eigenen Stärken in einem kleinen Büchlein festzuhalten. Dazu können die Kinder befragt und deren Antworten eingetragen oder gemalt werden, die pädagogischen Fachkräfte können die beobachteten Stärken der Kinder eintragen und die Bezugspersonen in der Familie können ebenfalls notieren, was sie als positiv an ihren Kindern wahrnehmen. Dieses Stärkenbuch kann das Portfolio erweitern.

4. Resilienzförderung anhand von Schlüsselsituationen

Um als Team systematisch an der Resilienzförderung zu arbeiten, kann eine gemeinsame Handlungsleitlinie formuliert werden, wie sie auch in Qualitätszirkeln zur Weiterentwicklung der Qualität einer Einrichtung eingesetzt werden (vgl. Brater et al., 2016). In einer Handlungsleitlinie wird gemeinsam vereinbart, wie Fachkräfte konkrete Abläufe handhaben möchten, zum Beispiel die Resilienzförderung in einer konkreten Schlüsselsituation. Dabei dient eine Handlungsleitlinie als Orientierung, ohne die pädagogischen Fachkräfte einzuengen. Es bleibt Spielraum, flexibel auf die konkrete Situation einzugehen. Günstig ist es, wenn diese Handlungsleitlinien schriftlich formuliert werden. So können sich die Mitarbeitenden immer wieder erinnern und neuen Fachkräften die Einarbeitung erleichtert werden. Außerdem sollte die Handlungsleitlinie in der Einrichtung regelmäßig gemeinsam bearbeitet, reflektiert und aktualisiert werden. Schlüsselsituationen bieten eine gute Gelegenheit, um im pädagogischen Alltag einer Kita die Resilienz von Kindern zu fördern.

Die Schlüsselsituationen können wie in einer Matrix mit den Resilienzfaktoren zusammengeführt werden. So kann geprüft werden, ob die Möglichkeiten zur Resilienzförderung ausgeschöpft werden. Auch bestimmte Bereiche können gezielt oder verstärkt zur Resilienzförderung genutzt werden. Im Folgenden wird eine Vorgehensweise vorgeschlagen, wie Resilienz anhand der Resilienzfaktoren in Kombination mit den Schlüsselsituationen gefördert werden kann. Diese Vorgehensweise wurde im Rahmen einer Dissertation erarbeitet, in vielen Weiterbildungen mit pädagogischen Fachkräften vorgestellt, weiterentwickelt und erprobt (vgl. Kaiser, 2020):

Fachwissen aufbauen und aktivieren

Das Team beschließt gemeinsam, sich der Resilienzförderung anzunehmen, und macht sich daraufhin mit den Grundzügen von Resilienz und Resilienzförderung vertraut. Verschiedene Wege sind denkbar: Alle Kolleg:innen arbeiten sich gleichermaßen in die Grundlagen ein, oder jede pädagogische Fachkraft nimmt sich einen anderen Themenbereich vor und stellt diesen in der Teamsitzung vor. So könnte zum Beispiel ein Kollege grundsätzliche Definitionen und Abgrenzungen von Resilienz erläutern, eine andere Kollegin den Resilienzfaktor Selbstwahrnehmung, eine dritte die Selbstwirksamkeit und so weiter. Alternativ kann auch eine Inhouse-Fortbildung mit einer/einem erfahrenen Fortbildner:in zum Thema Resilienz durchgeführt werden. Oder eine pädagogische Fachkraft nimmt für die Einrichtung an einer Multiplikator:innenschulung zum Thema Resilienz teil, wie sie beispielsweise am Zentrum für Kinder- und Jugendfor-

SCHLÜSSELSITUATIONEN

Als Schlüsselsituationen werden Situationen bezeichnet, die im pädagogischen Alltag regelmäßig wiederkehren und Möglichkeiten zur Resilienzförderung bieten. Diese sind zum Beispiel:

- Mahlzeiten,
- Freispiel,
- geführte Gruppensituationen wie Liedkreis oder Sitzkreis,
- Mikrotransitionen.

schung an der Evangelischen Hochschule in Freiburg angeboten werden (nachzulesen unter resilienz-freiburg.de).

Bestandsaufnahme

Das Kita-Team bespricht in einer gemeinsamen Bestandsaufnahme in der Teamsitzung: Was wird in der Einrichtung bereits getan, um die Resilienz der Kinder zu fördern? Wo werden Kinder gezielt gestärkt? Die Ergebnisse werden schriftlich festgehalten.

Systematische Planung

In einer Teamsitzung wird überlegt und besprochen, wie eine strukturierte Vorgehensweise passgenau aussehen könnte. Dazu empfiehlt es sich, entweder anhand der einzelnen Resilienzfaktoren zu planen und sich für einen gewissen Zeitraum mit der gezielten Förderung eines der Resilienzfaktoren zu befassen oder sich Schlüsselsituationen zu überlegen und gezielt eine davon auszuwählen, in der Resilienz gefördert wird. In der Teamsitzung werden ganz konkrete, alltagspraktische Vorgehensweisen erarbeitet. Wichtig ist, sich klare, durchführbare Ziele zu setzen und dabei auf SMARTE Zielsetzung zu achten. SMART ist eine Abkürzung, die für die Formulierung konkreter Ziele hilfreich ist und für spezifisch, messbar, attraktiv, realistisch und terminiert steht (vgl. Moskaliuk, 2015). Ziele sollten somit klar formuliert sein (spezifisch), es sollten Indikatoren zur Zielerreichung festgelegt werden (messbar), es sollte ein lohnenswertes Ziel sein (attraktiv), es sollte machbar sein (realistisch) und es sollte ein Termin für die Wiedervorlage oder Kontrolle der Erreichung des Ziels benannt werden (terminiert) sowie – in Ergänzung – sollten Personen benannt werden, die für die Erreichung des Ziels zuständig sind.

Resilienzbeauftragte

Es hat sich bewährt, gezielt ein Tandem-Team aus zwei Personen zu bilden, die sich für die Resilienzförderung verantwortlich fühlen. Dies sollten Personen sein, die sich für das Thema Resilienz begeistern und sich entweder bereits mit der Thematik vertraut fühlen oder sich das Thema vertieft aneignen. Die Resilienzbeauftragten bringen (analog den Erste-Hilfe-Beauftragten) das Thema regelmäßig in die Teamsitzung ein, frischen die Erinnerung auf und bereiten die gemeinsame Bearbeitung anhand kleiner Impulse im Team vor. Dies kann beinhalten, dass regelmäßig an einem der Resilienzfaktoren gearbeitet wird und Möglichkeiten für die Förderung im Alltag besprochen werden. Oder dass entsprechende Spiele und Übungen zur Resilienzförderung im Team vorgestellt oder mit dem Team geübt werden. Wenn die Mitarbeitenden gemeinsam an einem Resilienzimpuls arbeiten, kann dies auch jeder einzelnen Fachkraft Auftrieb geben und guttun. So entstehen kleine Stärken-Inseln in den Teamsitzungen.

Die Resilienzbeauftragten sind außerdem zuständig dafür, neuen Mitarbeitenden das Resilienzkonzept und die Möglichkeiten der Resilienzförderung nahezubringen sowie als deren Ansprechpersonen zu fungieren. Besonders hilfreich zur Verankerung im Alltag ist es darüber hinaus, einen Resilienzordner zu erstellen, der Wesentliches der besprochenen Aspekte grafisch anschaulich dargestellt oder in prägnanter Form schriftlich zusammengefasst enthält: eine kurze Definition des Resilienzbegriffs, eine kurze Darstellung des Risiko- und Schutzfaktorenkonzepts sowie der einzelnen Resilienzfaktoren, eine prägnante Darstellung der für die Einrichtung besprochenen Vorgehensweise. Dieser Ordner ist auch für neue Teammitglieder eine hilfreiche Handreichung, um sich einen Überblick über die Vorgehensweise der Einrichtung zu verschaffen.

Durchführung

In der Einrichtung wird in jeder sich bietenden Alltagssituation die Resilienz der Kinder gemäß der besprochenen Vorgehensweise gefördert. Günstig ist es, in jedem Gruppenraum „Anker“ anzubringen – Plakate, Sätze, Bilder, die daran erinnern, die Resilienz zu fördern. Das kann ein Poster mit den Resilienzfaktoren sein oder ein passendes Zitat zu Resilienz. Die Präsenz des Themas im Alltag wird durch solche Anker in Form von Erinnerungshilfen verstärkt und somit die Wahrscheinlichkeit, dass Resilienzförderung tatsächlich betrieben wird, erhöht. Ein Beispiel, wie im Raum wirksam dargestellt werden kann, was die Einrichtung bereits zur Resilienzförderung macht und was gemeinsam angegangen werden soll, kann in Form einer „Resilienzkiste“ bildhaft oder physisch gezeigt werden. Dazu geht die Einrichtung folgendermaßen vor: Es wird eine Kiste oder eine schöne Schachtel genommen. Auf Zettel werden alle Ideen und Möglichkeiten der Resilienzförderung notiert, die bereits praktiziert werden oder zeitnah angegangen werden sollen. Diese Kiste wird in einem zugänglichen Raum der Einrichtung aufgestellt. Alle neuen Ideen oder Vorgehensweisen werden fortlaufend ergänzt. Auch für die Kinder kann im Gruppenraum eine solche Kiste aufgestellt werden und die Kinder können bildlich darstellen, was ihnen gefällt, was ihnen Kraft gibt oder worin sie sich stark fühlen.

Evaluation
In regelmäßigen Abständen überprüft die Einrichtung, wie der aktuelle Stand der Resilienzförderung ist. Dies kann durch die Einrichtungsleitung oder durch die Resilienzbeauftragten angeregt werden. Dabei sind folgende Fragen hilfreich: Was tun wir aktuell? Was läuft gut? Was möchten wir ändern? Was funktioniert (noch) nicht so gut? Warum nicht? Was wäre uns wichtig? Welchen Resilienzfaktor wollen wir uns als Nächstes vornehmen, weil wir Bedarfe sehen? Erleben wir positive Veränderungen bei den Kindern, bei uns, bei den Eltern mit Blick auf die Resilienzfaktoren und den Umgang mit Schwierigkeiten?

Das Kita-Team kann sich anhand der folgenden Matrix die einzelnen Schlüsselsituationen in Kombination mit den Resilienzfaktoren vornehmen und Ideen entwickeln, wie die täglich stattfindenden Situationen als Schlüssel zur Resilienzförderung genutzt werden können. Pädagogische Situationen sind häufig nicht im Voraus planbar, zumindest nicht vollständig. Sie bringen einen hohen Unsicherheitsfaktor mit sich – jede Situation erfordert ein individuelles Eingehen auf die beteiligten Kinder, deren Interessen und Bedürfnisse. Jede Situation bietet eine kreative Herausforderung, die jeweils passgenaue pädagogische Antwort zu finden. Nichtsdestotrotz können Schlüsselsituationen gemeinsam im Team reflektiert und mögliche Vorgehensweisen besprochen werden (Handlungsleitlinien). Dazu dient folgende Matrix als Reflexionsgrundlage:

Alltagsintegrierte Resilienzförderung bei den Mahlzeiten
Gemeinsame Mahlzeiten in der Kita bieten eine hervorragende Gelegenheit, die genannten Resilienzfaktoren zu stärken. Beispielhaft für die erwähnten Schlüsselsituationen wird deshalb die Essenssituation unter dem Fokus der alltagsintegrierten Resilienzförderung etwas näher beschrieben.

Täglich finden in Kitas gemeinsame Mahlzeiten statt. Dies kann ein (zweites) Frühstück sein, eine Zwischenmahlzeit oder ein gemeinsames Mit-

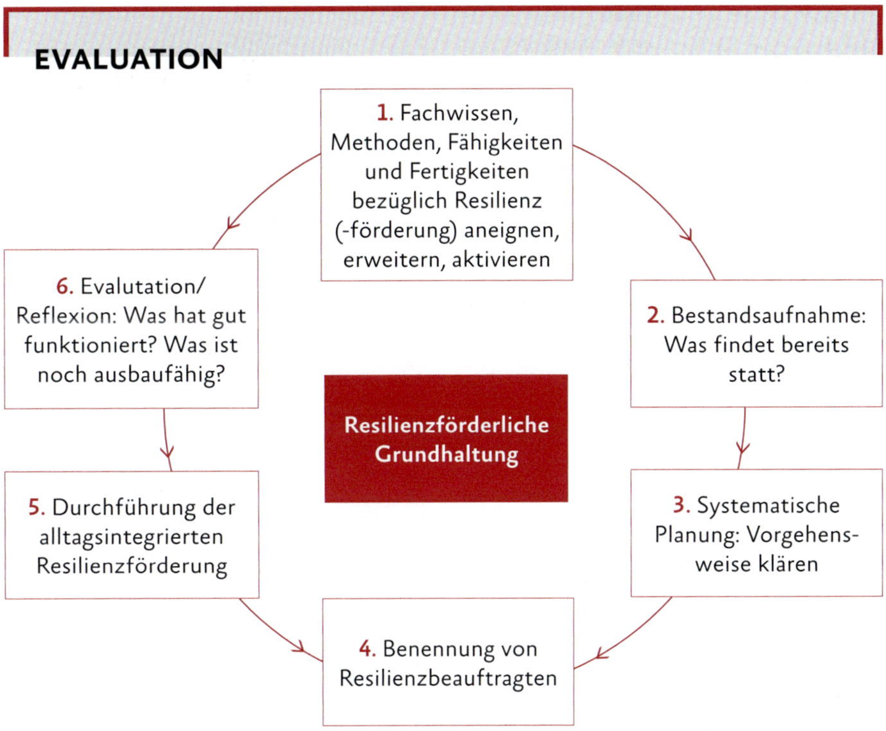

Systematische Vorgehensweise alltagsintegrierter Resilienzförderung (eigene Darstellung)

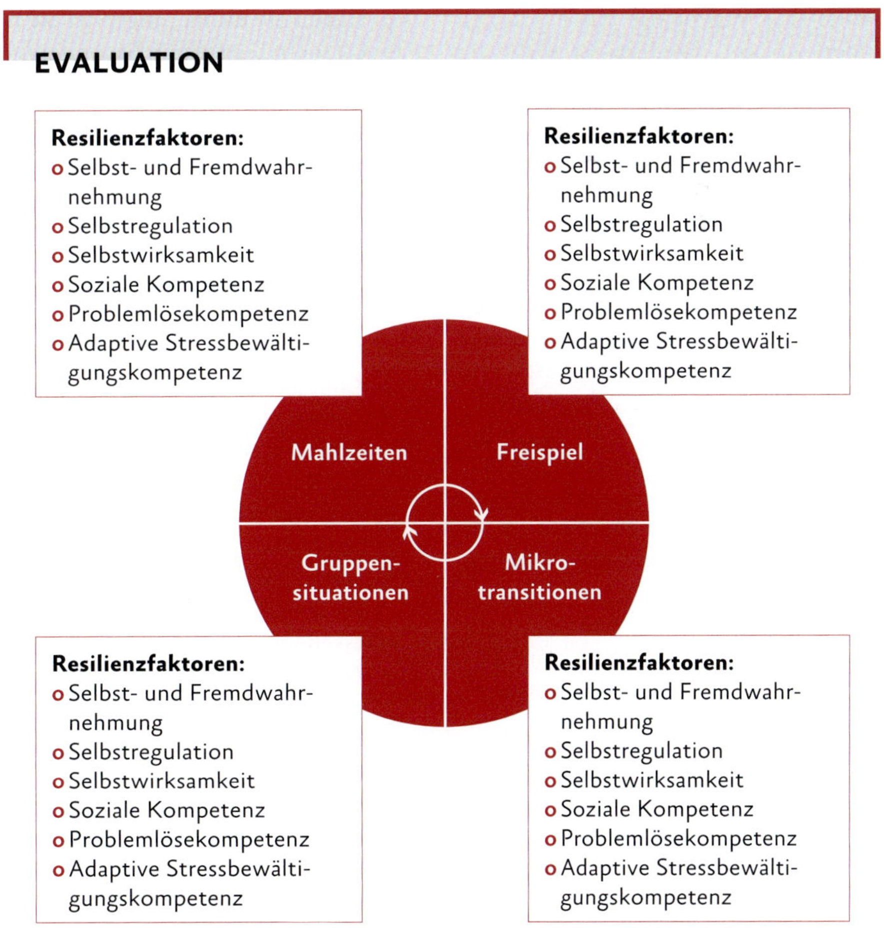

Matrix zur alltagsintegrierten Resilienzförderung in Schlüsselsituationen anhand der Resilienzfaktoren (eigene Darstellung)

Eine angenehme Atmosphäre und angeregte Tischgespräche zeichnen die Mahlzeit als Schlüsselsituation aus.

tagessen. Studien zeigen, dass die Mahlzeitensituation in Kitas häufig von eher geringerer pädagogischer Qualität ist; wie beispielsweise die BIKE-Studie (vgl. Wertfein et al., 2015) oder die NUBBEK-Studie (vgl. Tietze et al., 2013) beschreiben. Mahlzeiten sind tatsächlich in der Praxis herausfordernde Situationen: Ein Kind ist müde, ein anderes besonders hungrig und deshalb ungeduldig, ein weiteres hat gar keinen Hunger und möchte nichts essen, dem nächsten schmeckt das Essen nicht und ab und an fällt ein Glas um. Daher ist es nicht verwunderlich, dass Mahlzeitensituationen nicht immer optimal ablaufen – wobei auch immer wieder vorbildliche gemeinsame Mahlzeiten beobachtet wurden. Grundsätzlich können Fachkräfte sich fragen, wie das Essen bei ihnen abläuft. Wichtig ist es, sich überhaupt bewusst zu machen, dass diese Zeit möglichst für alle Beteiligten angenehm sein sollte, ohne ständige Ermahnungen, sondern mit angeregten Gesprächen und dass Mahlzeiten per se eine großartige Bildungsgelegenheit bieten. Natürlich ist es auch wichtig, den Umgang mit Besteck und Höflichkeitsformeln zu erlernen, aber der soziale Austausch steht im Mittelpunkt. Dabei bringt jedes Kind, aber auch jede Fachkraft ihr eigenes Mahlzeitenskript mit. Wie fanden und finden zu Hause die Mahlzeiten statt? Wie können diese in der Kita zu einer positiven sozialen Situation gestaltet werden? Dies sind grundlegende Fragen, über die sich ein Team unterhalten kann, um möglichst gelingende Mahlzeitensituationen zu schaffen.

REFLEXIONSFRAGEN ZUR GESTALTUNG VON MAHLZEITEN

Auf Ebene der einzelnen Fachkraft:

- Wie erlebten Sie die Mahlzeiten in Ihrer Herkunftsfamilie?
- Welche Tischsitten gab es in Ihrer Kindheit? Welche Verhaltensregeln? Welche Werte und Glaubenssätze?
- Haben Sie Erinnerungen an die Mahlzeiten in Ihrer Kindergartenzeit?
- Erinnern Sie sich im Besonderen an pädagogische Fachkräfte und deren Mahlzeitbegleitung in Ihrer Kindergartenzeit?
- Welche Bedeutung hat die Mahlzeitenaufnahme für Sie persönlich?
- Welche Werte und Regeln sind Ihnen persönlich heute wichtig in Bezug zur Nahrungsaufnahme?
- Beeinflussen Ihre eigenen Erfahrungen Ihre persönliche Haltung bei der Begleitung von Mahlzeiten in der Kita?

Auf Ebene des Teams und der Einrichtung

- Wie laufen die Mahlzeiten bei uns ab?
- Fühlen sich die Kinder wohl bei den Mahlzeiten?
- Kann jedes Kind in seinem eigenen Tempo essen?
- Dürfen die Kinder bei Tisch mit dem Essen explorieren? (Spüren, wie sich der warme Tee anfühlt, wenn die Finger hineingehalten werden. Die Konsistenz einer Banane ertasten.)
- Frühstücken alle gemeinsam oder jedes Kind nach dem eigenen Hungerbedürfnis?
- Vespern alle gemeinsam oder jedes Kind nach dem eigenen Hungerbedürfnis?
- Essen wir gemeinsam unsere Mittagsmahlzeit?
- Was dürfen die Kinder bezüglich der Mahlzeiten mitbestimmen?
- In welcher Atmosphäre finden unsere Mahlzeiten statt?
- Wie erleben Außenstehende, die zu Besuch sind, die Mahlzeiten in unserer Kita?
- Werden die Kinder dazu gezwungen, von jeder Speise zu probieren? Oder wird jedem Kind gestattet, selbst zu entscheiden, was es wovon probieren mag?
- Wird angestrebt, jedem Kind die Mahlzeit als positives Erlebnis zu ermöglichen?

(nach Evangelischer KITA-Verband Bayern, o. J., S. 3)

V

Soziale Ressourcen ausbauen und stärken

Kinder benötigen für ihre Entwicklung ein Netzwerk an wertschätzenden Personen und Strukturen. Kitas können Potenziale im Umfeld und im Sozialraum aktivieren, um dieses Netzwerk auf- und auszubauen. Der nahe gelegene Wald, die örtliche Bäckerei oder die Erziehungsberatungsstelle – all diese Ressourcen können genutzt werden.

1. Der Sozialraum

Kitas sind eingebunden in den sozialen Raum, in dem sie sich befinden. Damit ist zum einen der tatsächliche Raum gemeint – die Straßen, Landschaften, Plätze und Parks. Zum anderen geht es aber auch um die Menschen, die dort leben und arbeiten. Pädagogische Fachkräfte sollten den sozialen Raum, der die Kita umgibt, gut kennen, vor allem hinsichtlich seiner Ressourcen. Es ist zentral, sich mit anderen Akteur:innen im Sozialraum zu vernetzen und zu kooperieren, um Ressourcen zu bündeln. Resilienz ist eine Kompetenz, die sich in Interaktion mit der Umwelt entwickelt. Damit kann der soziale Raum zu einer Ressource werden, zu einem Möglichkeitsraum, in dem sich die seelische Stärke der Kinder entwickeln kann: ob beim Klettern im Wald oder beim Besuch auf der Feuerwehrwache, wo die Kinder den schweren Löschschlauch ziehen dürfen, oder beim wöchentlichen Mitwirken in der Gärtnerei ums Eck – all dies sind Situationen, in denen die Kinder sich als selbstwirksam erleben.

> Resilienz ist eine Kompetenz, die sich in Interaktion mit der Umwelt entwickelt.

Jeder Mensch ist von dem Raum geprägt, der ihn umgibt und in dem er sich bewegt. Dabei findet aber auch eine dynamische Wechselwirkung zwischen der einzelnen Person und ihrem Sozialraum statt – Person und Raum wirken gegenseitig aufeinander ein (vgl. Jung & Gels, 2019). Kinder sind von ihrem Sozialraum geprägt, aber sie wirken auch auf ihn ein. Sie machen ihn sich zu eigen, finden geheime Plätze oder unangenehme Orte. Dies gilt natürlich für die Kita selbst, aber auch für die direkte Umgebung. Damit ein Sozialraum Potenzial für die Kinder und die Kita entfalten kann, sollten die Ressourcen darin erschlossen, erkundet und aktiviert werden. Das kann die Kooperation mit der Gemüsegärtnerei ums Eck sein oder mit dem Bauernhof, mit der Polizeiwache oder der Erziehungsberatungsstelle, dem Abenteuerspielplatz oder dem Strickladen.

Um die zur Verfügung stehenden Ressourcen im Sozialraum nutzen zu können, bedarf es einer gründlichen Kenntnis dieser jeweiligen Ressourcen: Welche Institutionen und Personen sind im Sozialraum zu finden, die mit der Kita kooperieren können? Welche Psycholog:innen, Sozialarbeiter:innen, Erziehungsberatungsstellen, Gesundheitsexpert:innen, aber auch welche Bauernhöfe, Bibliotheken und weitere Einrichtungen gibt es? Pädagogische Fachkräfte bedürfen als Grundlage für Kooperationen im Sozialraum einer entsprechenden Grundhaltung, welche die Notwendigkeit und den Nutzen von Kooperation und Vernetzung erkennt und so in eine entsprechende Handlung mündet – die stetige Kontaktaufnahme und das Dranbleiben an Kooperationen. Dies wird stark von den jeweiligen Personen vor Ort geprägt und gelebt. Kooperationen mit den möglichen Akteur:innen anzuregen und zu pflegen kostet zwar Zeit, ist zugleich aber auch ein Gewinn. Dabei ist es auch Aufgabe pädagogischer Fachkräfte, noch ungenutzte Kooperationspartner:innen zu entdecken und neue Kooperationen anzubahnen, um so ein stets wachsendes und stärkendes Netzwerk zu knüpfen.

Folgende wesentliche Voraussetzungen sollten gegeben sein, um eine Kooperation im Sozialraum anzugehen:

- Bereitschaft und Wille zur Kooperation bei allen Beteiligten;
- Grundkenntnisse und Erfahrungen in Kooperation und Vernetzung;
- Klärung der jeweiligen Erwartungen und Vertrauen in die Zusammenarbeit;
- Bündelung von Ressourcen und Kompetenzen der Beteiligten;
- Entwicklung gemeinsamer Ziele;
- Klärung von Zuständigkeiten und Verteilung von Aufgaben;
- Finanzielle Absicherung bereits vor Beginn der Kooperation

(vgl. Falkenreck, 2022).

Wesentlich ist es, die Perspektive der Kinder mit einzubeziehen und deren Teilhabe zu ermöglichen.

■ **Aus der Praxis:** Samuels Opa ist Landwirt und besitzt einige Apfelbäume, die auf einer Wiese in der Nähe der Kita stehen. Immer wieder gehen die Kinder auf Spaziergängen vorbei und bemerken, wie die Äpfel langsam reif werden. Sie äußern, dass sie gern bei der Ernte helfen würden. In Absprache mit Samuel und seinen Eltern fragt die Leiterin der Kita den Landwirt an. Er lädt die Kita-Gruppe ein, das Fallobst aufzusammeln und mitzunehmen. Gemeinsam wird daraus in der Kita Apfelmus hergestellt. ■

Vernetzung und Kooperation im Sozialraum erschließen Ressourcen, die für die Resilienzförderung nutzbar sind. Hierfür bedarf es eines Überblicks und einer Kenntnis an möglichen Partner:innen im Sozialraum. Es bietet sich eine Vielzahl an Methoden an, die auch gemeinsam mit Familien und Kindern durchgeführt werden können (nachzulesen beispielweise unter sozialraum.de).

2. Ressourcen sichtbar machen

Eine einfache und übersichtliche Variante, die im Sozialraum vorhandenen Netzwerke grafisch darzustellen, ist die Anfertigung einer Netzwerkkarte in Form einer Mind-Map. Dazu wird der Name der Kita in die Mitte eines Blatts geschrieben, die möglichen und realen Kooperationspartner in Ellipsen darum notiert (siehe Abbildung nächste Seite).

NETZWERKKARTE EINER KITA

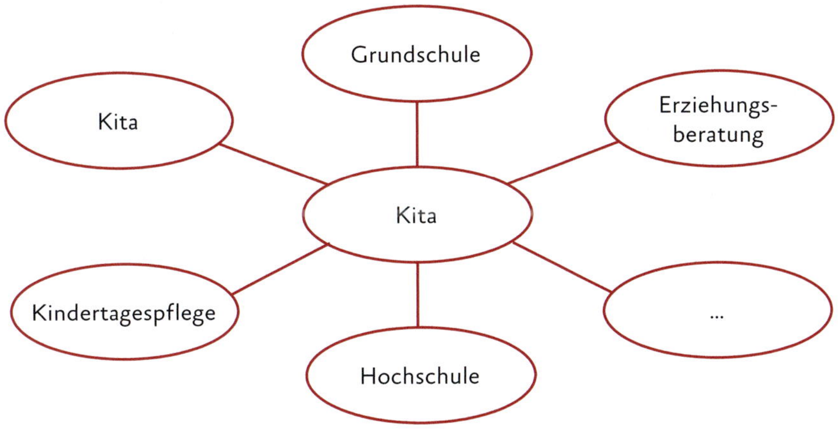

Netzwerkkarte Kita (nach Jung & Gels, 2019)

Ressourcen wahrnehmen

Um systematisch Ressourcen im Sozialraum zu erschließen, bietet sich folgende Vorgehensweise an: Nach Erstellung einer Netzwerkkarte, die den Ist-Stand abbildet, gilt es, sich in einem zweiten Schritt die bestehenden Ressourcen bewusst zu machen. Fachkräfte können beispielsweise eine Ressourcenkartei erstellen, in der Kontaktdaten und Ressourcen von Organisationen oder einzelnen Akteur:innen aus den Organisationen festgehalten werden (vgl. Früchtel & Budde, 2006). In einem dritten Schritt legen sie die geplanten Ziele, die durch die Vernetzung erreicht werden sollen, fest und notieren schriftlich:

1. Ist-Stand: Zu welchen Akteur:innen im Sozialraum gibt es bereits bestehende Vernetzung und Kooperation? Wie häufig und regelmäßig? Wer sind die Ansprechpersonen?
2. Ressourcen: Welche Ressourcen haben die Kooperationspartner:innen zu bieten? Welche Ressourcen sehen wir im Sozialraum, die wir noch nicht erschlossen haben?
3. Ziele: Wozu dient die jeweilige Vernetzung und Kooperation? Was sind unsere Ziele?

Auch beim Thema Vernetzung und Kooperation sollten die Kinder mit einbezogen werden. Um ihre Sichtweise zu erfassen, können verschiedene Methoden angewandt werden wie Sozialraumbegehungen mit Kindern oder die subjektive Landkarte.

Bei der Sozialraumbegehung mit Kindern machen sich pädagogische Fachkräfte mit einer (Klein-)Gruppe von Kindern im Stadtteil oder Sozialraum auf den Weg. Die Kinder übernehmen die Führung und zeigen den Erwachsenen ihren Sozialraum aus ihrer Perspektive. Dabei können sich Gespräche über Kontakte, Treffpunkte, Orte, Wege, aber auch über angstbesetzte Räume ergeben. Die Äußerungen der Kinder können aufgeschrieben oder aufgezeichnet werden, es können aber auch durch die Kinder selbst Fotos angefertigt werden (vgl. Deinet & Krisch, 2009a).

Subjektive Landkarten sind selbst gemalte Bilder oder Karten von Kindern, die die für sie bedeutsamen Räume erschließen. Die Kinder werden gebeten, ihren subjektiven Lebensraum zu malen oder zu zeichnen, um so für sie wichtige Orte darzustellen. Diese Methode dient der Sichtbarmachung der Lebensräume der Kinder. Daraus können sich Ideen und Optionen für Vernetzung ergeben (vgl. Deinet & Krisch, 2009b).

3. Kooperation mit Eltern

Wesentlich bezüglich des Ausbaus sozialer Ressourcen sind die Eltern und die (erweiterte) Familie der Kinder. Durch die Kooperation mit Eltern kann positiv auf die psychische Gesundheit und Resilienz der Kinder eingewirkt werden. So kann auf Elternabenden, in Eltern-Cafés und bei weiteren Zusammenkünften die resilienzförderliche Haltung thematisiert und gezielt ein ressourcen- und stärkenorientierter Blick praktiziert werden („Resilienzbrille"). In Entwicklungsgesprächen sollten Fachkräfte die Stärken der Kinder betonen, Eltern danach fragen, welche Stärken sie bei ihren Kindern sehen, und Eltern als Ressource adressieren. Erleben Eltern bezüglich ihrer Fähigkeiten Wertschätzung und Anerkennung, dient dies dem Aufbau vertrauensvoller Erziehungs- und Bildungspartnerschaften. Resilienz in Familien oder familiale Resilienz sind Aspekte, die bei der Kooperation mit Eltern beachtet werden können.

Familiale Resilienz betrachtet zwei Ebenen: zum einen die Fähigkeit von Familien, Widrigkeiten zu überstehen und sich davon zu erholen. Im besten Fall entsteht in der Familie ein Prozess des Wachstums als Reaktion auf Krisen und Herausforderungen (vgl. Walsh, 2003, nach Maurović, 2020; Walsh, 2020). Zum anderen geht es bei der familialen Resilienz darum, die einzelnen Familienmitglieder zu stärken, vor allem auch in Bezug auf die einzelnen Resilienzfaktoren.

Förderlich für die familiale Resilienz sind

- gemeinsam geteilte Überzeugungen/ein gemeinsames Glaubenssystem,
- positive soziale Beziehungen und klare familiäre Rollen,
- Kommunikation und Problemlösekompetenzen innerhalb der Familie (vgl. Walsch, 2016).

All diese Faktoren können durch pädagogische Fachkräfte thematisiert werden – konkret im Gespräch mit der jeweiligen Familie, zum Beispiel bei einem Entwicklungsgespräch, oder allgemein im Rahmen eines Elternabends, Elterncafés oder Elternfrühstücks.

Um mehr über die im Sozialraum von den Eltern genutzten Netzwerke zu erfahren, bietet sich die Methode des „Sozialraumgenerators" an (vgl. Schubert & Veil, o. J.). Über diese Methode lassen sich alltägliche Netzwerkpartner im nahen sozialen Umfeld auflisten. Werden diese Angaben ausgewertet, können sie beim Erstellen einer Vernetzungsstrategie oder beim „Aufbau einer Netzwerkinfrastruktur" behilflich sein (ebd.): Beim „Sozialraumgenerator" werden Eltern gefragt, welche Angebote oder Einrichtungen im Wohnumfeld sie mehrmals jährlich nutzen. Dabei wird nachgefragt, welche Angebote genau genutzt werden und wie die konkreten Namen des Angebots lauten. So können über das Gespräch mit Eltern Anlaufstellen im Quartier kennengelernt („generiert") werden. Von da aus sind Kooperationen möglich, die zu einer gelingenden Vernetzung beitragen.

Vernetzung im Sozialraum ist zeitlich aufwendig und häufig eine große Herausforderung für Kitas. Doch sie bietet auch Chancen, indem durch die Vernetzung Ressourcen entdeckt werden, die förderlich für die (psychische) Gesundheit der Kinder sein können.

VI

Starke Fachkräfte stärken Kinder

Um die psychische Gesundheit und Resilienz von Kindern in der Kita zu fördern, sollten pädagogische Fachkräfte ihre eigene psychische Gesundheit pflegen. Denn wer sich als gesund erlebt, fühlt sich wohl in seiner Haut, ist leistungsfähig, kann offen auf andere zugehen und alltägliche Aufgaben bewältigen.

1. Rahmenbedingungen und Strukturqualität

Pädagogische Fachkräfte erleben in ihrer Tätigkeit vielfältigen Stress. So zeigen sich vor allem stressbedingte Gesundheitsprobleme wie Kopfschmerzen und Rückenprobleme, aber auch die Neigung, sich für den Beruf zu verausgaben. Bei vielen ruht die Arbeit auch nach Feierabend noch nicht, weil sie sich gedanklich mit den Themen und Herausforderungen des Arbeitstags beschäftigen. So überrascht es nicht, dass eine Studie zu Qualität in Kitas (die AQUA-Studie) pädagogische Fachkräfte als Risikogruppe für gesundheitliche Probleme und Neigung zu Burn-out-Symptomen nennt (vgl. Schreyer et al., 2014).

In einer weiteren Studie zur Gesundheit von Erzieher:innen (STEGE-Studie) wurde die „Strukturqualität und Erzieherinnengesundheit in Kindertageseinrichtungen" untersucht (Viernickel et al., 2014). Pädagogische Fachkräfte sind demzufolge einer Vielzahl psychischer Belastungen im beruflichen Alltag ausgesetzt – größtenteils durch die Rahmenbedingungen auf Ebene der Strukturqualität. Sie weisen im Vergleich zur gleichaltrigen Bevölkerung eine wesentlich schlechtere psychische Gesundheit auf und zeigen deutlichere dauerhafte Einschränkungen im Alltag aufgrund gesundheitlicher Probleme (ebd.). Ungünstige Rahmenbedingungen stellen somit einen Prüfstein für die eigene psychische Gesundheit dar, denen es entgegenzuwirken gilt. Diese ungünstigen Bedingungen am Arbeitsplatz Kita können unterteilt werden in:

1. Technisch-physikalische Bedingungen
2. Organisatorische Faktoren
3. Anforderungen, die aus der Arbeitsaufgabe resultieren
4. Soziale Faktoren
5. Gesellschaftliche Faktoren (ebd.)

In der folgenden Tabelle sind negative Belastungen am Arbeitsplatz Kita und positive Möglichkeiten der Abhilfe dargestellt. Dabei werden insbesondere die Faktoren benannt, die sich – negativ wie positiv – auf die psychische Gesundheit pädagogischer Fachkräfte auswirken können.

PRAXISIMPULS: ZENTRIERUNG

Um die eigene psychische Gesundheit zu stärken, kann die Technik der Zentrierung (vgl. Barbarino, 2020) erlernt werden. Zentrierung bezieht sich sowohl auf die eigene Körperhaltung und Bewegung als auch auf die Aufmerksamkeit, im gegenwärtigen Moment zu sein. Diese Methode kann die eigene Selbstregulation und soziale Kompetenz verbessern. Stressreaktionen und alltägliche Herausforderungen können jedoch dazu führen, dass Fachkräfte diesen Zustand eher selten erleben. Die Fähigkeit, sich zu zentrieren, kann daher bewusst täglich geübt werden. In Situationen, in denen Ärger oder Wut aufkommen, ist die Technik besonders wertvoll, um mit innerem Abstand auf die Situation blicken zu können.

Ein erster Schritt zum Erlernen der Zentrierungstechnik besteht in der Wahrnehmung des eigenen Körperschwerpunkts (körperorientierte Selbstwahrnehmung) in einer entspannten stehenden Position, in der die Person sich gut und aufrecht ausrichtet. Darauf erfolgt eine bewusste Wahrnehmung des eigenen Körpers von den Fußsohlen bis zum Kopf. Die Atmung wird wahrgenommen und mit zunehmender Übungspraxis auch die eigenen Empfindungen und Gedanken. Diese Form von Zentrierung kann in stressigen Momenten im Kita-Alltag direkt ausgeführt werden, um so unmittelbar mehr innere Ruhe zu erlangen.

Nicht alle der negativen Faktoren können von der einzelnen Fachkraft beeinflusst oder gar geändert werden. Wichtig ist es jedoch, Strategien zu entwickeln, die das eigene Wohlbefinden stärken und die psychische Gesundheit erhalten.

2. Selbstfürsorge

Selbstfürsorge befähigt Fachkräfte, die Fürsorge für die Kinder in der Einrichtung angemessen zu gestalten. Denn „Stress und Überforderung, wie sie durch vermehrte Arbeitsbelastungen oder Unzufriedenheit am Arbeitsplatz entstehen können, schränken einen professionell adäquaten und feinfühligen Umgang mit Kindern ein" (Kölch et al., 2022, S. 30). Der aktuell hohe Fachkräftemangel erschwert die Selbstfürsorge, weil die übrigen pädagogischen Fachkräfte sowohl offene Stellen als auch kurzfristige Krankheitsausfälle kompensieren müssen. Von Bedeutung ist es, dass Leitung und Träger aktiv an der Gesunderhaltung der Fachkräfte mitwirken. Dies kann beinhalten, Gesundheitskurse oder Yoga-/Entspannungskurse anzubieten, eine Mitgliedschaft im Fitnessstudio zu finanzieren oder zu unterstützen, einen angemessenen Pausenraum zur Verfügung zu stellen, Teilzeitarbeit zu ermöglichen und vieles andere mehr.

Ergänzend zur rechten Spalte der o.g. Tabelle können pädagogische Fachkräfte auf unterschiedlichen Wegen ihre psychische Gesundheit stärken und so gut für sich sorgen.

Auf individueller Ebene:

- Achtsamkeit,
- Zentrierung,
- Pausen einhalten,
- genügend essen und trinken,
- sich selbst im Alltag wahrnehmen und spüren (Brauche ich eine Pause? Was kann ich für mich tun? Ist es mir zu laut? Was kann ich für die Reduzierung der Lautstärke tun?),
- auf ausgleichende Bewegung achten,
- eigene Resilienzfaktoren stärken.

POSITIVE UND NEGATIVE FAKTOREN AM ARBEITSPLATZ KITA

1. Technisch-physikalische Bedingungen

negativ	**positiv**
Lärm	Beratung zum Lärmschutz
Schlechte finanzielle und räumliche Ausstattung	Gute finanzielle und räumliche Ausstattung
Fehlende Rückzugsmöglichkeiten	Möglichkeiten zum räumlichen Rückzug, Pausenräume
Erhöhtes Infektionsrisiko	

2. Organisatorische Faktoren

negativ	**positiv**
Arbeit in offenen Gruppen	Arbeit in geschlossenen Gruppen
Große Gruppen	Angemessene Gruppengröße
Häufiger Zeitdruck	Gutes Zeitmanagement
Keine ausreichende Zeit für die Kinder	Genügend Zeit für die Kinder
Mangelnde Zeit für mittelbare pädagogische Arbeit	Vertraglich festgeschrieben ausreichend Zeit für die mittelbare pädagogische Arbeit
Überstunden	Angemessene Arbeitszeiten
Keine Zeit für Pausen	Genügend Zeit für fest eingeplante Pausen
Schlechter Personalschlüssel	Angemessene Fachkraft-Kind-Relation
Zu lange Arbeitszeit	Kürzere Arbeitszeit
	Maßnahmen betrieblicher Gesundheitsförderung und Prävention

3. Anforderungen aus der Arbeitsaufgabe

negativ	**positiv**
Gleichzeitigkeit von Anforderungen	Nacheinander von Anforderungen
Häufige Arbeitsunterbrechungen	
Zu hohes Arbeitspensum	
Dauerpräsenz	Möglichkeiten zum Rückzug
Emotionsarbeit, Unterdrückung eigener Stimmungen	Flexibilität, Kreativität
Fehlende Kommunikationsstrukturen	Regelmäßige Teamsitzungen und Supervisionen
	Fort- und Weiterbildung

4. Soziale Faktoren

negativ	**positiv**
Schlechte Führungsqualität	Gute Führungsqualität
Schlechtes Teamklima	Gutes Teamklima durch positive Zusammenarbeit im Team, Austausch, Anerkennung, Zusammenhalt, Interdisziplinarität
	Unmittelbare Arbeit mit Kindern, emotionale Nähe
	Humor, häufiges Lachen
	Gestaltungs- und Handlungsspielraum
	Selbstbestimmtes Arbeiten mit hoher Eigenverantwortung und hoher Entscheidungskompetenz

5. Gesellschaftliche Faktoren

negativ
Gratifikationskrise
Schlechte Aufstiegschancen
Mangelnde Anerkennung
Zu niedrige Bezahlung

(eigene Tabelle nach Viernickel et al., 2014)

Auf sozialer Ebene:

- Für ein positives Teamklima sorgen,
- Wertschätzung, Vertrauen und Anerkennung im Team, von der Leitung und vom Träger,
- Kommunikation im Team durch Teamsitzungen, Supervision, Coaching.

Auf institutioneller Ebene:

- Gesundheitsförderung in der Einrichtung durch aktives Gesundheitsmanagement,
- Gutscheine für Gesundheitskurse (Yoga, Fitness-Studio usw.).

Auf politischer und gesellschaftlicher Ebene:

- Sich aktiv für günstige Arbeitsbedingungen auf politischer und gesellschaftlicher Ebene einsetzen.

Um die psychische Gesundheit und Resilienz von pädagogischen Fachkräften zu stärken, können sich die Fachkräfte sowohl individuell als auch im Team zunächst den aktuellen Ist-Zustand vergegenwärtigen. Wie steht es um die Resilienz und psychische Gesundheit der Mitarbeitenden? Fachkräfte können hierbei Ressourcen identifizieren. Was funktioniert bereits gut, was stärkt mich und uns im Arbeitsalltag? Anschließend können neue Strategien für einen Zukunftszustand erarbeitet werden, um die eigene Resilienz zu fördern.

3. Fachkräfte als Rollenvorbilder seelischer Stärke

Kinder lernen durch Vorbilder, auch in Bezug auf den achtsamen Umgang mit sich selbst. Um die Stärkung psychischer Gesundheit und Resilienz von Kindern zu fokussieren, sollten pädagogische Fachkräfte deshalb ein positives Rollenvorbild und Modell für Selbstfürsorge sein und die eigene seelische Stärke fokussieren.

Es bietet sich an, den eigenen Umgang mit krisenhaften Lebensereignissen und Herausforderungen zu reflektieren. Ein ruhiger Ort außerhalb der Arbeit, an dem sich die Person wohlfühlt, eignet sich am besten, um sich mit einzelnen oder allen der folgenden Fragen zu befassen. Hilfreich ist es, die Antworten schriftlich zu notieren:

- Welche Krisen traten in meinem Leben auf?
- Wie habe ich diese bewältigt?
- Welche inneren Stärken haben mir dabei geholfen?
- Welche Ressourcen waren unterstützend (Personen im Umfeld, Haustiere, Spiritualität, Gemeinschaft, usw.)?
- Welche Stärken zeichnen mich heute aus?
- Wie gehe ich mit Stress um?

Zusätzlich können Teilkompetenzen anhand der Resilienzfaktoren auf Fachkraftebene reflektiert werden (nach Kaiser & Fröhlich-Gildhoff, 2022, S. 157ff.). Als Anregung dazu dienen folgende Fragen:

Selbstwahrnehmung der pädagogischen Fachkraft:

- Wie gut gelingt es mir, mich selbst wahrzunehmen (zum Beispiel Grundbedürfnisse und Gefühle)?
- Wo im Körper spüre ich Freude, Trauer, Angst, Wut?
- Gönne ich mir Ruhe, wenn ich müde bin oder eine Pause brauche?
- Esse und trinke ich regelmäßig während der Arbeitszeit?
- Halte ich die Pausenzeiten ein?
- Ist mein Selbstbild positiv?

Selbstregulation der pädagogischen Fachkraft:

- Wie gut kann ich mich selbst regulieren?
- Wie reagiere ich, wenn ich mich ärgere?
- Wie motiviere ich mich?
- Wie gehe ich damit um, wenn ich an meine Grenzen komme?

Selbstwirksamkeit der pädagogischen Fachkraft:

- Wann erlebe ich mich in meiner Tätigkeit als selbstwirksam?
- Wie gehe ich damit um, wenn ich Hindernisse zur Erreichung eines Ziels überwinden muss?
- Freue ich mich über eigene Leistungen und Erfolge? Bin ich stolz darauf?
- Schreibe ich mir eigene Erfolge selbst (meinen Fähigkeiten und Fertigkeiten) zu?
- Setze ich mir Ziele und probiere, diese zu erreichen?
- Wie ermutige ich mich?
- Strenge ich mich an, um Ziele zu erreichen?

Soziale Kompetenz der pädagogischen Fachkraft:

- Wie gehe ich mit Kindern, Kolleg:innen, Eltern um?
- Bin ich wertschätzend und respektvoll im Kontakt mit anderen Menschen?
- Kann ich mich empathisch in andere Menschen hineinversetzen?
- Kann ich angemessen Kontakt aufnehmen und beenden (zu Kinder und Erwachsenen)?
- Bin ich zu prosozialem Verhalten in der Lage (kann ich mich mitteilen, anderen helfen, teilen)?
- Kann ich mich entschuldigen?
- Kann ich meine Emotionen sozial angemessen zum Ausdruck bringen?
- Spreche ich auftauchende Probleme im Team direkt an?
- Kann ich andere um Hilfe bitten?
- Kann ich meine Gefühle zeigen (in angemessener Weise)?
- Kann ich Wünsche klar kommunizieren?
- Höre ich aufmerksam zu?
- Wie gehe ich mit Kritik um?
- Bin ich ein gutes Teammitglied?
- Kann ich Nein sagen?
- Kann ich mich selbst behaupten?
- Bleibe ich bei meiner Einschätzung wo nötig und kann ich zugleich Kompromisse bilden wo nötig?
- Kann ich die Grenzen (psychisch und physisch) anderer akzeptieren?
- Zeige ich Humor und Freude im sozialen Miteinander?

Problemlösefähigkeiten der pädagogischen Fachkraft:

- Wie löse ich Probleme?
- Kenne ich erfolgreiche Problemlösestrategien?
- Gehe ich Probleme aktiv an und versuche diese zu lösen?
- Wie entscheide ich mich bei der Lösung von Schwierigkeiten?
- Wie reagiere ich, wenn ein Versuch des Problemlösens misslingt?

Fachkräfte können sich gut um Kinder kümmern, wenn sie auch gut für sich selbst sorgen.

Aktive Stressbewältigungskompetenz der pädagogischen Fachkraft:

- Was bereitet mir Stress?
- Wie reagiere ich bei Stress?
- Wie tanke ich neue Energie?
- Praktiziere ich Entspannungsmethoden?
- Bewege ich mich genügend?
- Was für Methoden helfen mir in akuten Stress-Situationen?
- Was sind meine Ruhepole in stressigen Phasen?
- Wo und wie komme ich zur Ruhe?

Idealerweise ist nicht nur die einzelne pädagogische Fachkraft für die Erhaltung ihrer psychischen Gesundheit zuständig, sondern die Einrichtung selbst sollte, wie oben beschrieben, die Gesundheit ihrer Mitarbeitenden im Blick haben. Es zeigte sich in einer Studie zur Gesundheitsprävention in Kitas (in der DKLK-Studie; vgl. Deutscher Kitaleitungskongress, 2022), dass mehr als 70 % der befragten Einrichtungen kein Konzept zum Thema Gesundheit/Gesundheitsprävention aufwiesen, obwohl 96 % der Befragten gesundheitsfördernde Fort- und Weiterbildungen als nützlich ansehen würden (ebd.). Hier ist somit Erweiterungsbedarf. Träger und Einrichtungsleitungen sind gefordert, aktiv an der Erhaltung der psychischen Gesundheit der Mitarbeitenden mitzuwirken und entsprechende gesundheitsförderliche Angebote zu unterbreiten.

4. Fazit und Ausblick

Im vorliegenden Heft wurden Grundlagen der Resilienz und Resilienzförderung dargestellt. Angesichts der globalen Krisen wie Ukraine-Krieg und Klimakrise sowie der Zunahme an psychischen Erkrankungen in der Bevölkerung ist es wichtig, Kinder so früh wie möglich mit Kompetenzen auszurüsten, die ihnen bei der Bewältigung von Krisen aller Art helfen. Die Kita bietet eine gute Möglichkeit, Kinder aus allen gesellschaftlichen Schichten in ihrer psychischen Gesundheit und Resilienz zu stärken – insbesondere Kinder aus sozial benachteiligten Schichten, die über beengten Wohnraum, ein geringeres Bildungsniveau in der Familie oder geringe soziale Unterstützung verfügen. Um Kinder in ihren Bewältigungsfähigkeiten zu stärken, können pädagogische Fachkräfte bei der Förderung der Resilienzfaktoren ansetzen. Wichtig ist dabei, gemeinsam als Team zu beschließen, sich möglichst als gesamte Einrichtung auf den Weg zu machen. Alltägliche pädagogische Situationen und Fachkraft-Kind-Interaktionen können genutzt werden, um die entsprechenden Kompetenzen bei den Kindern zu stärken. Neben der bewussten Gestaltung von Schlüsselsituationen bietet insbesondere die kompetente Begleitung von Kindern in herausfordernden Situationen eine gute Lerngelegenheit zur Entwicklung von (innerer) Widerstandsfähigkeit und Kraft. Kinder entwickeln so Fähigkeiten, die für die Auseinandersetzung mit Herausforderungen hilfreich sind. Diese Fähigkeiten sind vor allem die Resilienzfaktoren, die bei größeren (lebens-)bedrohlichen Krisen ebenfalls zum Tragen kommen und unterstützend wirken. Die Resilienzfaktoren zu fördern, um Kinder für die Herausforderungen des Lebens zu stärken und ihre psychische Gesundheit zu erhöhen, ist eine wichtige Aufgabe für die tägliche pädagogische Arbeit in der Kita.

Angesichts herausfordernder Rahmenbedingungen wie Fachkräftemangel, mangelnde gesellschaftliche Anerkennung, anstrengende Arbeitszeiten und Lärmbelastung sollten pädagogische Fachkräfte ihre eigene psychische Gesundheit im Blick behalten und aktiv für sich sorgen. Diese Fürsorge ist ebenso Verantwortung von Trägern und Leitungen. Denn psychisch gesunde und belastbare pädagogische Fachkräfte können ihre tägliche wertvolle und gesellschaftlich bedeutsame Arbeit leisten. Ebenso sollten Eltern in die Stärkung der Kinder einbezogen und nicht zuletzt der gesamte Sozialraum in seinen Ressourcen aktiviert werden. So wirkt ein tragendes Netz aus unterstützenden Personen an der gesunden Entwicklung von Kindern mit. Vielleicht entwickelt sich aus solchen gemeinsamen Anstrengungen zur Stärkung der psychischen Gesundheit und Resilienz von Kindern eine „Resilienzpädagogik“ der Zukunft.

Literatur

Ahnert, L. (2007): *Von der Mutter-Kind- zur Erzieherin-Kind-Bindung?* In F. Becker-Stoll, & M. R. Textor (Hrsg.), Die Erzieherin-Kind-Beziehung. Zentrum von Bildung und Erziehung (S. 31–41). Berlin: Cornelsen.

Ainsworth, M., Bell, S. & Stayton, D. (1974): *Infant-mother attachment and social development: Socialization as a product of reciprocal responsiveness to signals.* In M.P. Richards, The integration of a child into a social world (S. 99–135). London: Cambridge University Press.

Antonovsky, A. (1997): *Salutogenese. Zur Entmystifizierung der Gesundheit.* Tübingen: dgvt.

Barbarino, M. (2022): *Zentrierung. Eine effektive Körpertechnik zur Selbstregulation.* Wiesbaden: Springer.

Behr, M. (2012): *Interaktionelle Psychotherapie mit Kindern und Jugendlichen.* Göttingen: Hogrefe.

Bengel, J., Meinders-Lücking, F. & Rottmann, N. (2009): *Schutzfaktoren bei Kindern und Jugendlichen – Stand der Forschung zu psychosozialen Schutzfaktoren für Gesundheit.* Forschung und Praxis der Gesundheitsförderung, Band 35. Köln: BZgA.

Benz, B. & Umbach, K. (2009): *FREUNDE – ein Schlüssel zur Lebenskompetenzförderung.* In Stiftung FREUNDE (Hrsg.). 10 Jahre FREUNDE in Kindertagesstätten. Ergebnisse aus der Qualitätssicherung. München: Stiftung FREUNDE.

Binneböse, M., Frommer, J., Franzkowiak, P. & Junne, F. (2022): *Psychosomatische Perspektive. BZgA.* Von https://leitbegriffe.bzga.de/alphabetisches-verzeichnis/psychosomatische-perspektive/abgerufen

Bischof-Köhler, D. (2011): *Soziale Entwicklung in Kindheit und Jugend. Bindung, Empathie, Theory of Mind.* Stuttgart: Kohlhammer.

Bleick, P., Büge, A.-K. & Kisters, M. (2020): *Resilienz – Impulse zur kritischen Betrachtung eines komplexen Phänomens.* In W. Greve (Hrsg.), Bewältigung und Entwicklung (S. 465–479). Hildesheim: Universitätsverlag.

Böckler-Raettig, A. (2019): *Theory of Mind.* München: Ernst Reinhardt.

Bowlby, J. (2010): *Frühe Bindung und kindliche Entwicklung.* München: Reinhardt.

Brater, M., Ackermann, S., Lang, R., Hartmann, E., Maurus, A., Elsäßer, P., Juraschek, S. & Hepting, S. (2016): *Menschen entwickeln Qualitäten: Qualitätsmanagement nach dem GAB-Verfahren; ein Leitfaden für pädagogische und soziale Arbeitsfelder* (7. vollst. überarb. Aufl.). Bielefeld: Bertelsmann.

Bundesministerium für Gesundheit (2010): *Nationales Gesundheitsziel – Gesund aufwachsen: Lebenskompetenz, Bewegung, Ernährung.* Von www.bundesgesundheitsministerium.de abgerufen

Carr, S. (2001): *Assessment in Early Childhood Settings. Learning Stories.* London: Sage Publications.

Deci, E. L. & Ryan, R. M. (2004): *Handbook of self-determination research.* Rochester: University of Rochester Press.

Deinet, U. & Krisch, R. (2009a): *Stadtteil-/Sozialraumbegehungen mit Kindern und Jugendlichen. sozialraum.de (1).* Von https://www.sozialraum.de/stadtteil-sozialraumbegehungen-mit-kindern-und-jugendlichen.php abgerufen

Deinet, U. & Krisch, R. (2009b): *Subjektive Landkarten. sozialraum.de(1).* Von https://www.sozialraum.de/subjektive-landkarten.php abgerufen

Deutsche Kinder- und Jugendstiftung GmbH (Hrsg.) (2022): *Resilienz im Blick. Arbeitsmaterial für den pädagogischen Alltag.* Berlin: DKJS.

DKLK-Studie (2022): *DKLK-Studie 2022. Themenschwerpunkt: Gesundheit und Gesundheitsprävention in der Kita. Eine repräsentative, bundesweite Befragung unter Kitaleitungen.* Von https://deutscher-kitaleitungskongress.de/wp-content/uploads/2022/11/DKLK-Studie-2022-Studienbericht1.pdf abgerufen

Egger, J. W. (2005): *Das biopsychosoziale Modell.* Schweizerische Ärztezeitung 16(2), S. 3–12.

Evangelischer KITA-Verband Bayern (o. J.): *Mahlzeiten in der Kita – mehr als satt werden! Eine Arbeitshilfe zur fachlichen Auseinandersetzung und Reflexion der Essenssituationen in der Kita.* Von https://www.evkita-bayern.de/fileadmin/user_upload/News/Arbeitshilfe_Reflexion__Mahlzeiten_in__Kitas.pdf abgerufen

Falkenreck, M. (2022): *Kooperation.* In F. Kessl, & C. Reutlinger (Hrsg.), Sozialraum. Eine elementare Einführung (S. 207–218). Wiesbaden: Springer.

Fessler, N. & Geiser, S. (2011): *Weniger ist mehr: Yoga im „bewegten" Schulalltag. Teil 1: Einführung, Programmübersicht und erste Übungen.* Lehrhilfen für den Sportunterricht, Heft 6, S. 1–5.

Fiege, M., Gatzemeyer, J. & Lascano, D. (2020): *Lazarus' Transaktionales Stressmodell: Die Integration von Bewältigung und Entwicklung.* In W. Greve (Hrsg.), Bewältigung und Entwicklung (S. 347–362). Hildesheim: Universitätsverlag.

Förstl, H. (2012): *Theory of Mind: Anfänge und Ausläufer.* In H. Förstl (Hrsg.). Theory of Mind. Berlin: Springer.

Frick, J. (2011): *Die Kraft der Ermutigung. Grundlagen und Beispiele zur Hilfe und Selbsthilfe* (2. Aufl.). Bern: Huber.

Fritz, J., De Graaf, A. M., Caisley, H., Van Harmelen, A.-L. & Wilkinson, P. O. (2018): *A Systematic Review of Amenable Resilience Factors That Moderate and/or Mediate the Relationship Between Childhood Adversity and Mental Health in Young People.* Von doi:10.3389/fpsyt.2018.00230 abgerufen

Fröhlich-Gildhoff, K. (2022): *Selbst-Entwicklung.* In Deutscher Verein (Hrsg.), Fachlexikon der Sozialen Arbeit (9. Aufl.) (S. 761–762). Baden-Baden: Nomos.

Fröhlich-Gildhoff, K., Dörner, T. & Rönnau-Böse, M. (2021): *Prävention und Resilienzförderung in Kindertageseinrichtungen – PRiK. Ein Förderprogramm* (5., durchges. Aufl.). München: Ernst Reinhardt.

Fröhlich-Gildhoff, K., Tinius, C. & Rönnau-Böse, M. (2020): *Herausforderndes Verhalten in Kita und Grundschule. Erkennen, Verstehen, Begegnen.* Stuttgart: Kohlhammer.

Fröhlich-Gildhoff, K. & Hohagen, J. (2020): *Handreichung zur Einschätzung der Bindungssicherheit in der Kita (EiBiS). Hintergründe und Erläuterungen zum Verfahren.* Stuttgart: Baden-Württemberg Stiftung.

Früchtel, F. & Budde, W. (2006): *Wie funktioniert fallunspezifische Ressourcenarbeit? Sozialraumorientierung auf der Ebene von Netzwerken.* In W. Budde, F. Früchtel, & W. Hinte (Hrsg.), Sozialraumorientierung (S. 201–218). Wiesbaden: VS.

Gesetz zur Stärkung der Gesundheitsförderung und der Prävention (Präventionsgesetz – PrävG) (2015): In Bundesministerium der Justiz (Hrsg.). Bundesgesetzblatt. Verfügbar unter https://www.bgbl.de/xaver/bgbl/start.xav?startbk=Bundesanzeiger_BGBl&jumpTo=bgbl115s1368.pdf#__bgbl__%2F%2F:%5B%40attr_id%3D%27bgbl115s1368.pdf%27%5D__1686944331612

Grawe, K. (2004): *Neuropsychotherapie.* Göttingen: Hogrefe.

Greve, W. & Etzold, M. (2018): *Die Psychologien des Selbst – Konvergente Perspektiven auf ein vielfältiges Konzept.* In W. Greve (Hrsg.), Das Selbst. Psychologische Perspektiven (S. 7–24). Hildesheim: Universitätsverlag.

Grossmann, K. E. (2004): *Theoretische und historische Perspektiven der Bindungsforschung.* In L. Ahnert (Hrsg.), Frühe Bindung. Entstehung und Entwicklung (S. 21–41). München: Reinhardt.

Halberstadt, A. g., Denham, S. A., Dunsmore, J. C. (2001): *Affective social competence.* Soc Dev (10), 79–119.

Hillenbrandt, C., Hennemann, T. & Heckler-Schell, A. (2008): *Lubo aus dem All! Programm zur Förderung sozial-emotionaler Kompetenzen im Vorschulalter.* München: Reinhardt

Hohm, E., Laucht, M., Zohsel, K., Schmidt, M. H., Esser, G., Brandeis, D. & Banaschewski, T. (2017): *Resilienz und Ressourcen im Verlauf der Entwicklung.* Kindheit und Entwicklung, S. 230–239.

Holodynski, M. & Rüth, J.-E. (2021): *Emotionale Kompetenz.* In A. Lohaus, & H. Domsch (Hrsg.), Psychologische Förder- und Interventionsprogramme für das Kindes- und Jugendalter, Psychotherapie: Praxis (S. 244–258). Wiesbaden: Springer.

Holtmann, M. & Schmidt, M. (2004): *Resilienz im Kindes- und Jugendalter.* Kindheit und Entwicklung, Zeitschrift für Klinische Kinderpsychologie (134), S. 195–200.

Jung, E. & Gels, A. (2019): *Vernetzung von KiTas im Sozialraum und darüber hinaus.* Von https://www.nifbe.de/images/nifbe/Infoservice/Vernetzung.pdf abgerufen

Kaiser, S. (2020): *Resilienzförderung bei Kindern unter drei Jahren. Ein Weiterbildungsprogramm für pädagogische Fachkräfte.* Wiesbaden: Springer.

Kaiser, S. & Fröhlich-Gildhoff, K. (2022): *Resilienzförderung in Krippe und Kindertagespflege. Ein Praxisbuch für Fachkräfte.* Stuttgart: Kohlhammer.

Kaman, A., Erhart, M., Devine, J., Reiß, F., Napp, A. K., Simon, A., Ravens-Sieberer, U. (2023): Two Years of Pandemic: the Mental Health and Quality of Life of Children and Adolescents – Findings of the COPSY Longitudinal Study. Von DOI: 10.3238/arztebl.m2023.0001 abgerufen

Keller, H. (2019): *Mythos Bindungstheorie*. Kiliansroda: verlag das netz.

Kienbaum, J., Schuhrke, B. & Ebersbach, M. (2019): *Entwicklungspsychologie der Kindheit. Von der Geburt bis zum 12. Lebensjahr* (2., erw. & überarb. Aufl.). Stuttgart: Kohlhammer.

Kiso, C. & Lotze, M. (2014): *Ressourcenorientierung als Grundhaltung? Mögliche Konsequenzen pädagogischer Diskurse für die Kooperation verschiedener Professionen*. In C. Schwer & C. Solzbacher, Professionelle pädagogische Haltung. Historische, theoretische und empirische Zugänge zu einem viel strapazierten Begriff (S. 137–154). Bad Heilbrunn: Julius Klinkhardt.

Kiso, C., Lotze, M. & Behrensen, B. (2014): *Ressourcenorientierung in KiTa & Grundschule*. Von Nifbe: https://www.nifbe.de/images/nifbe/Infoservice/Downloads/Themenhefte/Ressourcen_online.pdf abgerufen

Klinkhammer, J. (2013): *Evaluation des Präventionsprogrammes „Kindergarten plus" zur Förderung der sozialen und emotionalen Kompetenzen*. Dissertation. Lüneburg: Leuphana Universität.

Koglin, U. & Petermann, F. (2013): *Verhaltenstraining im Kindergarten. Ein Programm zur Förderung emotionaler und sozialer Kompetenzen* (2., überarb. Aufl.). Göttingen: Hogrefe.

Kölch, M., Ziegenhain, U., Nöhring, A. & Köhler-Dauner, F. (2022): *Die psychische Gesundheit von Kindern in frühpädagogischen Einrichtungen unterstützen. Zentrale Diskurse, empirische Erkenntnisse und Handlungskonsequenzen*. Weiterbildungsinitiative Frühpädagogische Fachkräfte, WiFF Expertisen, Band 56. München.: DJI.

Kunzler, A. M., Gilan, D., Kalisch, R., Tüscher, O. & Lieb, K. (2018): *Aktuelle Konzepte der Resilienzforschung*. Nervenarzt (89), S. 747–753. Von https://doi.org/10.1007/s00115-018-0529-x abgerufen

Lazarus, R. S. & Folkman, S. (1984): *Stress. Appraisal and Coping*. New York: Springer.

Linderkamp, F. (2019): *Die Effektivität achtsamkeitsbasierter Verfahren bei Kindern und Jugendlichen mit ADHS – ein systematisches Review*. Lernen und Lernstörungen 9(1), S. 25–35.

Lohaus, A. & Klein-Heßling, J. (2001): *Streßerleben und Streßbewältigung im Kindesalter: Befunde, Diagnostik und Intervention*. Kindheit und Entwicklung, 10(3), S. 148–160.

Lohaus, A. & Vierhaus, M. (2015): *Entwicklungspsychologie des Kindes- und Jugendalters für Bachelor* (3. Aufl.). Berlin: Springer.

Mackowiak, K., Kula, A., Brunemund, L. & Walter, U. (2020): *Förderung sozial-kognitiver Problemlösestrategien von Vorschulkindern. Erste Ergebnisse des Verbundprojekts KoAkiK*. Frühe Bildung 9(3), S. 110–117.

Mahdiani, H. & Ungar, M. (2021): *The Dark Side of Resilience*. Adversity and Resilience Science 2, S. 147–155.

Masten, A. S. (2016): *Resilienz: Modelle, Fakten & Neurobiologie*. Paderborn: Junfermann.

Mauz, E., Kuntz, B., Gutsche, J., Hoffmann, R., Krug, S., Poethko-Müller, C., Richter, A., Jordan, S. (2020): *Zur gesundheitlichen Lage von Kindern im Kita-Alter in Deutschland. Ergebnisse der KiGGS-Studie*. Frühe Bildung 9(2), S. 56–63.

Mayer, H., Heim, P. & Scheithauer, H. (2007): *Papilio. Ein Programm für Kindergärten zur Primärprävention von Verhaltensproblemen und zur Förderung sozial-emotionaler Kompetenz. Ein Beitrag zur Sucht- und Gewaltprävention. Grundlagen und Programmbeschreibung* (2. Auf.). Augsburg: Papilio Verlag.

Mayer H., Heim P., Peter, C. & Scheithauer H. (2016): *Papilio. Ein Programm für Kindertagesstätten zur Prävention von Verhaltensproblemen und zur Förderung sozial-emotionaler Kompetenz. Ein Beitrag zur Sucht- und Gewaltprävention. Theorie und Grundlagen* (4. überarb. u. erg. Aufl.). Augsburg: Papilio Verlag.

Moskaliuk, J. (2015): *Smarte Ziele: Wann spezifische und herausfordernde Ziele hilfreich sind*. Motivationspsychologie für die Berufspraxis. essentials. Wiesbaden: Springer. Von https://doi.org/10.1007/978-3-658-09601-4_3 abgerufen

Myers, D. G. (2014): *Psychologie* (3. Aufl.). Berlin: Springer.

Pfingsten, U. (2021): *Soziale Kompetenzen*. In A. Lohaus, & H. Domsch, Psychologische Förder- und Interventionsprogramme für das Kindes- und Jugendalter (2., überarb. und aktualis. Aufl.) (S. 223–240). Wiesbaden: Springer.

Prengel, A. (2020): *Ethische Pädagogik*. Weinheim: Beltz.

Riecher-Rössler, A., Berger, P., Yilmaz, A. T. & Stieglitz R.-D. (Hrsg.) (2004): *Psychiatrisch-psychotherapeutische Krisenintervention*. Göttingen: Hogrefe.

Robert-Koch-Institut (2023): *Monitoring der Kindergesundheit in (und nach) der COVID-19-Pandemie. 1. Teil – Ergebnisse der Online-Befragung*. Von https://www.rki.de/DE/Content/Gesundheitsmonitoring/Studien/Kida/4-Quartalsbericht-KIDA.pdf?__blob=publicationFile abgerufen

Rogers, C. (1957): *The neccessary and sufficient conditions of therapeutic personality change*. Journal of Conulting Psychology, 21, S. 95–103.

Rogers, C. R. (2009): *Entwicklung der Persönlichkeit* (17. Aufl.). Stuttgart: Klett-Cotta.

Rönnau-Böse, M. (2013): *Resilienzförderung in der Kindertageseinrichtung*. Materialien zur Frühpädagogik. Band 11. Freiburg: FEL.

Rönnau-Böse, M. & Fröhlich-Gildhoff, K. (2015): *Resilienz und Resilienzförderung über die Lebensspanne*. Stuttgart: Kohlhammer.

Sarimski, K. & Papoušek, M. (2000): *Eltern-Kind-Beziehung und die Entwicklung von Regulationsstörungen*. In F. Petermann, K. Niebank & H. Scheithauer (Hrsg.), Risiken in der frühkindlichen Entwicklung. Entwicklungspsychopathologie der ersten Lebensjahre (S. 199–223). Göttingen: Hogrefe.

Scheithauer, H., Niebank, K. & Petermann, F. (2000): *Biopsychosoziale Risiken: Das Risiko- und Schutzfaktorenkonzept aus entwicklungspsychopathologischer Sicht*. In F. Petermann, K. Niebank & H. Scheithauer (Hrsg.): Risiken in der frühkindlichen Entwicklung. Entwicklungspsychopathologie der ersten Lebensjahre (S. 65–100). Göttingen: Hogrefe

Schlack, R., Hölling, H. & Petermann, F. (2009): *Psychosoziale Risiko- und Schutzfaktoren bei Kindern und Jugendlichen mit Gewalterfahrungen. Ergebnisse aus der KiGGs-Studie*. Psychologische Rundschau 60(3), S. 137–151.

Schmidtke, C., Geene, R., Hölling, H. & Lampert, T. (2021): *Psychische Auffälligkeiten, psychosoziale Ressourcen und sozioökonomischer Status im Kindes- und Jugendalter – Eine Analyse mit Daten von KiGGS Welle 2*. Journal of Health Monitoring 6(4), S. 21–35.

Schneider, W. & Hasselhorn, M. (2012): *Frühe Kindheit (3–6 Jahre)*. In W. Schneider & U. Lindenberger (Hrsg.), Entwicklungspsychologie (7. Aufl.) (S. 211–234). Weinheim: Beltz.

Schneider, W. & Lindenberger, U. (Hrsg.) (2012): *Entwicklungspsychologie* (7., vollst. überarb. Aufl.). Weinheim: Beltz.

Schreyer, I., Krause, M., Brandl, M. & Nicko, O. (2014): *AQUA – Arbeitsplatz und Qualität in Kitas. Ergebnisse einer bundesweiten Befragung*. München: Staatsinstitut für Frühpädagogik.

Schubert, H. & Veil, K. (2014): *Der „Sozialraumgenerator" als Ableitung aus der egozentrierten Netzwerkanalyse*. Von https://www.sozialraum.de/der-sozialraumgenerator-als-ableitung-aus-der-egozentrierten-netzwerkanalyse.php abgerufen

Schwarzer, R. & Jerusalem, M. (2002): *Das Konzept der Selbstwirksamkeit*. Zeitschrift für Pädagogik, 44. Beiheft, S. 28–53.

Seeger, D. & Holodynski, M. (2022): *Bildung in der Kita organisieren (BIKO). Entwicklung – Diagnostik – Förderung*. Stuttgart: Kohlhammer.

Siegler, R., Eisenberg, N., DeLoache, J. & Saffran, J. (2016): *Entwicklungspsychologie im Kindes- und Jugendalter* (4. Aufl.). Berlin: Springer.

Stamm, M., & Halberkann, I. (2015): *Resilienz – Kritik eines populären Konzepts*. In S. Andresen, C. Koch & J. König (Hrsg.), Vulnerable Kinder. Kinder, Kindheiten und Kindheitsforschung Bd. 10 (S. 61–76). Wiesbaden: Springer.

Taubner, S., Fonagy, P. & Bateman, A. W. (2019): *Mentalisierungsbasierte Therapie*. Göttingen: Hogrefe.

Tausch, R. & Tausch, A. (1998): *Erziehungs-Psychologie. Begegnung von Person zu Person* (11., korrig. Aufl.). Göttingen: Hogrefe.

Thun-Hohenstein, L., Lampert, K. & Altendorfer-Kling, U. (2020): *Resilienz – Geschichte, Modelle und Anwendung*. Von https://doi.org/10.1007/s11620-020-00524-6 abgerufen

Tietze, W., Becker-Stoll, F., Bensel, J., Eckhardt, A. G., Haug-Schnabel, G., Kalicki, B., Keller, H., Leyendecker B. (Hrsg.) (2013): *NUBBEK. Nationale Untersuchung zur Bildung, Betreuung und Erziehung in der frühen Kindheit*. Weimar: verlag das netz.

UNICEF (1989): *Konvention über die Rechte des Kindes*. Von https://www.unicef.de/_cae/resource/blob/194402/3828b8c72fa8129171290d21f3de9c37/d0006-kinderkonvention-neu-data.pdf abgerufen

Van Hout, M. (2012): *Heute bin ich*. Zürich: Aracari Verlag.

Viernickel, S., Voss, A., Mauz, E. & Schumann, M. (2014): *Gesundheit am Arbeitsplatz Kita. Ressourcen stärken, Belastungen mindern*. Düsseldorf: Unfallkasse Nordrhein-Westfalen.

Walsh, F. (2020): *Loss and Resilience in the Time of COVID-19: Meaning Making, Hope, and Transcendence*. Family Process 59(3). Doi: 10.1111/famp.12588

Walsh, F. (2016): *Family resilience: a developmental systems framework*. European Journal of Developmental Psychology 13(3). Verfügbar unter DOI: 10.1080/17405629.2016.1154035.

Werner, E. E. (1994): Overcoming the odds. *Journal of Developmental and Behavioral Pediatrics*, 15 (2), 131–136

Werner, E. E. & Smith R. S. (1982): *Vulnerable but invincible: A study of resilient children*. New York: McGraw-Hill.

Wertfein, M., Kofler, A., Kieferle, C., Paulsteiner, R., Nestmeier, S., Reichert-Garschhammer, E. & Becker-Stoll, F. (2020): *PQB – Qualitätskompass. Instrument zur Beobachtung und Reflexion der Interaktionsqualität in Kindertageseinrichtungen*. Von https://www.ifp.bayern.de – CC BY SA abgerufen

Wertfein, M., Wirts, C. & Wildgruber, A. (2015): *Bedingungsfaktoren für gelingende Interaktionen zwischen Erzieherinnen und Kindern. Ausgewählte Ergebnisse der BIKE-Studie*. München: Staatsinstitut für Frühpädagogik.

WHO (1994): *Life skills education for children and adolescents in schools. Introduction and guidelines to facilitate the development and implementation of life skills programmes*. Geneva: WHO. Verfügbar unter https://iris.who.int/bitstream/handle/10665/59117/WHO_MNH_PSF_93.7B_Rev.1.pdf?sequence=1&isAllowed=y

Wustmann Seiler, C. (2012): *Resilienz. Widerstandsfähigkeit von Kindern in Tageseinrichtungen fördern* (4. Aufl.). Berlin: Cornelsen.

Wygotski, L. S. (1987): *Ausgewählte Schriften. Bd. 2: Arbeiten zur psychischen Entwicklung der Persönlichkeit*. Köln: Pahl-Rugenstein.

Impressum

wissen kompakt: Resilienz – Kindliche Ressourcen stärken ist ein Sonderheft von kindergarten heute – Das Fachmagazin für Frühpädagogik

Redaktion
Thilo Bergmann (verantw.)
Tel. 0761/2717-209
E-Mail: bergmann@herder.de

Sofie Raff
Tel. 0761/2717-530
E-Mail: raff@herder.de

Anschrift der Redaktion
Hermann-Herder-Str. 4
79104 Freiburg
Tel. 0761/2717-322
E-Mail: redaktion@kindergarten-heute.de
www.kindergarten-heute.de

Verlag

www.herder.de

Bildnachweis
Titelfoto: wundervisuals – GettyImages
Fotos S. 4, 6, 8, 15, 25, 28, 31, 36, 43, 49: Kita „Heide Süd", Halle. Fotos S. 13, 17, 20, 32, 41, 44, 48, 57: Hartmut W. Schmidt, Freiburg. Die Fotos wurden in der städtischen Kita „Tausendfühler" in Freiburg aufgenommen.

Illustration: S. 10: Ivcandy – GettyImages
Foto S. 21: Natalia Lebedinskaia – GettyImages
Foto S. 26: Catherine Delahaye – GettyImages
Foto S. 53: mapodile – GettyImages

Layout, Satz und digitale Bearbeitung
rsrdesign Reckels & Schneider-Reckels, Guntersblum, www.rsrdesign.de

Herstellung
Medienhaus Plump GmbH, Rheinbreitbach

Leserservice
Verlag Herder GmbH
Hermann-Herder-Str. 4
79104 Freiburg
Tel. 0761/2717-379 oder 0761/2717-244
Fax: 0761/2717-249
E-Mail: kundenservice@herder.de

Gedruckt auf chlorfrei gebleichtem Papier

Printed in Germany

Titelnummer: 892
ISBN Print: 978-3-451-00892-4
ISBN E-Book (PDF): 978-3-451-83088-4